The Economist

The Economist

CÓMO ANALIZAR EL MERCADO

TÉCNICAS PARA ENTENDER EL
COMPORTAMIENTO DE LAS ACCIONES

DEBORAH OWEN Y ROBIN GRIFFITHS

Copyright © 2008 The Economist
Copyright © 2008 de la edición en español,
Cuatro Media Inc.
www.cuatro-media.com
Reservados todos los derechos

Título original: *Mapping the Markets*
Published by Profile Books

ISBN: 978-987-1456-26-0 (Obra completa)
ISBN: 978-987-1456-16-1

Primera edición en español, 2008
Impreso en los talleres de la Empresa Editora El Comercio S.A., Juan del Mar y Bernedo 1318 Chacraríos Sur, Lima 1

Hecho el depósito legal en la biblioteca Nacional del Perú: 2008-03428.

Las opiniones expresadas en cada volumen corresponden a sus respectivos autores y no coinciden necesariamente con la de los editores.

Prohibida la reproducción total o parcial de esta obra, en cualquier forma y por cualquier medio, sin la expresa autorización de los editores.

Se ha puesto el máximo cuidado para compilar esta obra. Cualquier error es completamente involuntario.

Owen, Deborah
    Cómo analizar el mercado / Deborah Owen y Robin Griffiths - 1a ed. - Buenos Aires: Cuatro Media, 2008.
    144 p. ; 20x14 cm. - (Finanzas ; 6)

ISBN 978-987-1456-16-1

1. Finanzas. I. Griffiths, Robin II. Título
CDD 332

Impreso en Perú.

Índice

Reconocimientos
Introducción
Parte 1: **Herramientas para trazar el mapa de los mercados**
1 Ciclos económicos   19
2 Ciclos del mercado accionario   27
3 Rotación del sector   39
4 Selección de acciones   43

Parte 2: **Factores cíclicos a largo plazo**
5 Recuperación económica   71
6 Tendencias demográficas   79
7 Energía   89
8 Biotecnología   95

Parte 3: **Fases de declinación del ciclo**
9 Desequilibrios mundiales   101
10 Eventos externos   105

Parte 4: **Cómo determinar la orientación del mercado**
11 Mercado accionario   111
12 Sectores   125
   Conclusión   129
   Nota sobre las fuentes   133
   Índice temático   135

Figuras

1.1 PBI real de los Estados Unidos, 1950-2001	19
1.2 Promedio teórico de los ciclos y eventos de Kondratieff	20
1.3 Representación estilizada de los ciclos de Kondratieff, Juglar y Kitchin	22
1.4 Gastos militares y tasas de interés en el Reino Unido, 1729-1918	24
1.5 Rendimiento bruto de los bonos soberanos perpetuos de 2,5% del Reino Unido, 1954-2005	24
1.6 Rendimiento bruto de los bonos soberanos de diez años de los Estados Unidos, 1953-2003	25
2.1 Ciclo electoral de 4 años de los Estados Unidos	28
2.2 El ciclo electoral de cuatro años de Estados Unidos superpuesto con las tendencias estacionarias	29
2.3 El ciclo electoral de cuatro años de los Estados Unidos, sesgado por una tendencia ascendente	31
2.4 El ciclo electoral de cuatro años de los Estados Unidos, sesgado por una tendencia descendente	31
2.5 Índice S&P 500 en términos reales, 1954-2005	32
2.6 Tendencias reales percibidas en el mercado accionario	34
2.7 Percepciones optimistas/pesimistas	34
2.8 Patrón de ondas Elliott	35
2.9 Mapa de rutas estándar del mercado accionario	36
2.10 Mapa de rutas estándar del mercado accionario, sesgado de manera ascendente	37
2.11 Mapa de rutas estándar del mercado accionario, sesgado de manera descendente	37
4.1 Marconi: media móvil de 50 y 200 días, 2000-01	44
4.2 Marconi: promedios variables de 50 y 200 días, 2002-03	44
4.3 Líneas de tendencias	45
4.3 bis Mercado con sesgo bajista	46
4.4 La curva de Bell y la distribución leptocúrtica de las fluctuaciones del mercado	47
4.5a Alza relativa anterior al precio: Caterpillar	48
4.5b Baja relativa anterior al precio: Wal-Mart	48
4.6 LME a 3 meses de cobre con una media móvil de 200 días, 1990-2006	49
4.7 Cruce dorado: media móvil de 90 y 200 días, Caterpillar	50
4.8 Cruce mortal: media móvil de 90 y 200 días, General Motors	51
4.9 Desviación de la media móvil de 200 días: Braemar Seascope	51

4.10 RSI de sobrecompra: Starbucks	52
4.11 RSI de sobreventa: Alcoa	52
4.12 Niveles de soporte y resistencia: Tesco	53
4.13 Nivel de resistencia: Reckitt Benckiser	55
4.14 Índice S&P 500, 1996-2006	56
4.15 Fibonacci ratios: National Grid	57
4.16 Cabezas y hombros: HMV Group	59
4.17 Cabezas y hombros a la inversa: Amazon.com	60
4.18 Doble techo: Coca-Cola	61
4.19 Doble piso: 31 Group	61
4.20 Triple techo: AstraZeneca	62
4.21 Base redondeada: Great Portland Estates	63
4.22 Triángulo simétrico: George Wimpey	64
4.23 Triángulo rectángulo: N. Brown Group	64
4.24 Triángulo ascendente: National Grid	65
4.25 Triángulo descendente: Aviva	66
4.26 Rectángulo: esterlinas/yen	66
4.27 Bandera: Alliance & Leicester	67
P2.1 Precio promedio del petróleo, 1946-2004	70
6.1 Tendencias demográficas en los Estados Unidos, Francia, China e India	82-83
9.1 Cuenta corriente en los Estados Unidos, 1980-2005	101
9.2 Los ahorros personales en los Estados Unidos como ratio de ingresos disponibles	103
9.3 Los ahorros personales en el Reino Unido como ratio de ingresos disponibles	103
P4.1 Factores que vinculan la economía con el mercado accionario	109
11.1 Índice Promedio Industrial Dow Jones, 1942-2002	111
11.2 Ratio compuesto de precio/ganancias S&P 500, 1968-2006	112
11.3 Índice promedio industrial de Dow Jones, 1966-83	113
11.4 Índice promedio industrial de Dow Jones, 1981-2001	113
11.5 Índice Compuesto S&P 500, 1968-74	114
11.6 Índice Compuesto S&P 500, 2000-06	115
11.7 Índice Nikkei 225, 1990-2005	117
11.8 Índice FTSE 100, 1992-2005	118
11.9 Índice Eurotop 300, 1990-2005	119
11.10 Índice de acciones A de Shanghai, 1995-2005	120
11.11 Índice Sensex de Bombay, 1992-2005	121
11.12 India: Relación total precio de mercado/ganancias, 1990-2005	122
12.1 Precios del cobre a largo plazo, 1885-2000	125
12.2 Precios del aluminio a largo plazo, 1920-2000	126

Lista de tablas

2.1 Niveles de cierre del índice promedio industrial Dow Jones, 1904-2005   32

5.1 PBI per cápita, 2005   71

Reconocimientos

Nos gustaría agradecer el aporte de nuestros colegas Richard Marshall de Investment Research of Cambridge y Rashpal Sohan de Rathbones en la producción de este libro. Richard Marshall no sólo encontró muchos de los ejemplos expuestos, sino que además revisó el manuscrito e hizo críticas constructivas.

Otra fuente de ayuda muy apreciada con relación a la información de estadísticas financieras y de mercado fue Les Curtis de Thomson Financial. Agradecemos sus consejos y sugerencias. Asimismo, queremos agradecer a Thomson Financial por permitir la reproducción de algunas de sus fuentes de información, como también a Peter Cole y a Richard Guy por sus comentarios sobre el primer manuscrito.

En nuestro análisis sobre los ciclos de la economía y del mercado accionario, hemos recurrido a investigaciones preliminares de otros analistas y hemos tratado una gran variedad de temas juntos. No pretendemos ser expertos en todas estas áreas y estamos inmensamente agradecidos a los autores cuyas obras se mencionan en la bibliografía. Además, queremos agradecer a Christopher Watson de The Pugwash Organisation (una ONG que se dedica a la aplicación a beneficio de nuevos desarrollos en ciencia y tecnología), por sus valiosos comentarios en la sección de energía. Estamos en deuda con Clive Cookson, no sólo por su excelente participación en la cobertura de desarrollos científicos en el *Financial Times*, sino también por revisar la sección de biotecnología. Kenneth Owen contribuyó con su valioso aporte en innovaciones médicas. Hubiera sido imposible realizar la investigación en Pekín sin la asistencia y conocimientos solidarios de Shelagh y Mike Timberly y del invalorable señor Sun. Sin embargo, asumimos toda la responsabilidad por los errores que se hayan podido deslizar.

Por último, nos gustaría agradecer a Stephen Brough, de Profile Books, por su paciencia y aliento, y a Penny Williams por sus conocimientos de corrección de manuscritos.

Introducción

Los mercados financieros mundiales mueven miles de millones de dólares a diario. Existe una gran variedad de instrumentos para comercializar en estos mercados, que van desde la simple compra de acciones hasta el intercambio de figuras tan exóticas como las *butterfly spreads*. La participación en cualquiera de los niveles implica visualizar en qué dirección se moverá el mercado en cuestión. Existen esencialmente sólo dos métodos para analizar la futura dirección de un mercado, ya sea que se trate de acciones, monedas, tasas de interés o *commodities*: uno implica un análisis fundamental, el otro un análisis técnico.

El análisis fundamental mide todas las variables económicas correspondientes y luego llega a la conclusión de hasta qué punto el precio actual de una acción o mercado representa lo que han calculado como el valor "justo" o si está sobrevaluado o subvaluado en comparación con lo que perciben que sea el nivel "correcto". Los analistas técnicos creen que en un momento en particular, el precio refleja todo lo que se conoce sobre un mercado o una acción. Además, dado que los mercados reflejan esencialmente el comportamiento humano y éste mantiene una amplia coherencia a lo largo del tiempo, existe una tendencia en el comportamiento de los precios a seguir patrones similares. Los precios, por lo tanto, se mueven dentro de tendencias que aparecen con más frecuencia y persisten por más tiempo del que permitirían las leyes del azar.

Los analistas y los técnicos ocupan dos campos que se encuentran separados por un amplio abismo. Pocos analistas van más allá de ese abismo y el intercambio que hay entre estos dos campos puede estar confrontado. Los analistas técnicos suelen ser vistos por los economistas como poseedores de una tendencia "mística" mientras que, desde el otro lado de la división, los analistas fundamentales se consideran separados del mundo real, como cuando a sólo un mes del comienzo de la recesión de 1990 en los Estados Unidos, un grupo de economistas manifestó en conjunto, que descartaban cualquier fase de desaceleración al menos por dos o tres años. En esencia, esta hostilidad refleja una falta de conocimiento de las fortalezas y debilidades inherentes a los dos tipos de análisis. El análisis técnico tiene buenos antecedentes al predecir los resultados del mercado, aunque algunos analistas involucrados en el mercado financiero están poco convencidos con la metodología al creer erróneamente que carece de rigor analítico. No obstante, el análisis fundamental es útil para estimar lo que está sucediendo en una economía (y por lo tanto, para explicar cuál es el fundamento de las tendencias observadas por los analistas técnicos), pero siempre ha sido lento en identificar los puntos decisivos.

La desconfianza mutua que existe entre los analistas técnicos y los de fundamentos yace en el hecho de que ambas formas de análisis están arraigadas en la teoría cíclica. El ciclo económico es una parte integral del análisis económico y la creencia en la naturaleza cíclica de los mercados es un punto central del análisis técnico. El análisis cíclico es, por lo tanto, la interfase entre el análisis fundamental y el técnico.

El objetivo de este libro es explicar no sólo cómo la teoría cíclica conecta las disciplinas del análisis fundamental y del técnico, sino también cómo se puede utilizar la teoría cíclica para explorar de manera exitosa este cambiante panorama económico mundial.

En la reunión del 2006 del World Economic Forum realizada en Davos, Larry Summers, presidente de la Universidad de Harvard, sugirió que el cambio creciente en la globalización y en la tecnología representa la tercera gran ola económica en la historia de la humanidad. Las dos olas anteriores tuvieron lugar durante el Renacimiento y la Revolución Industrial. Mareas económicas de esta naturaleza tardan mucho tiempo en formarse y la Revolución Tecnológica todavía se encuentra en su etapa inicial. A medida que cobra impulso, dará comienzo a una clase de oportunidades de inversión que no suceden una sola vez en la vida, sino una vez en un siglo. El conocimiento del funcionamiento de los ciclos ayudará a los inversores a anticipar las tendencias del mercado que emanan de esta marea económica. Conocer la situación del mercado en relación con este ciclo es una información importante tanto para el inversor pasivo a largo plazo como para el *trader* de corto plazo.

Este libro consta de cuatro partes, resumidas a continuación.

Parte 1: Herramientas para trazar el mapa de los mercados

Los ciclos económicos son los que proporcionan la propulsión subyacente tanto para la economía como para el mercado accionario. El conocimiento de las causas de los cambios en las tendencias y en la intensidad de esta fuerza subyacente es un elemento clave para una predicción exitosa de los resultados del mercado.

En los tiempos preindustriales, los altibajos de la economía estaban ligados a la agricultura. Cuando los bienes manufacturados comenzaron a aportar una creciente cuota al producto bruto interno anual de un país, se pudo haber supuesto que el producto regular de una fábrica se traduciría en un incremento medianamente estable en el crecimiento de la economía, pero esto no ocurrió. En el siglo XIX, los economistas comenzaron a investigar las causas de los períodos regulares de expansión y de contracción económica que ellos observaban.

A comienzos del siglo XX, el economista ruso Nikolai Kondratieff, identificó un ciclo muy largo de 50 a 60 años inherentes a las economías occidentales. Unas décadas antes, el economista británico, William Jevons, y el economista francés, Clement Juglar, habían identificado de manera independiente una oscilación económica que tenía lugar aproximadamente cada diez años. Durante la década del 20, dos profesores de Harvard, W. L. Crum y Joseph Kitchin, identificaron cada uno por su parte un ciclo mucho más corto de 40 meses en las tasas de interés. Uno de los más distinguidos economistas del siglo XX, Joseph Schumpeter, juntó estos ciclos para formar un "esquema de tres ciclos". Y es esto lo que proporciona las bases del análisis de ciclos. El capítulo 1 explica la importancia relativa de estos tres ciclos desde la perspectiva de un inversor.

La relación entre la economía y el mercado accionario se explica en el capítulo 2. Mediante la conexión entre los ciclos económicos y el mercado accionario, se puede interpretar una serie de "mapas de ruta" que permitirá a los inversores identificar cuáles son los mercados mundiales que posiblemente presenten un mejor rendimiento.

En puntos diferentes del ciclo, los distintos sectores del mercado exhibirán un mejor desempeño. El concepto de rotación de sectores se encuentra expuesto en el capítulo 3.

En cuanto a las decisiones sobre inversiones cotidianas, por ejemplo, cuándo ingresar o salir de una posición o qué acciones comprar, se necesita una lectura del mercado más detallada. Las herramientas del análisis técnico individualizan las fuerzas de la demanda y de la oferta dentro de un mercado particular. Aunque este libro no apunta a ser una introducción al análisis técnico, el capítulo 4 examina algunas de las técnicas que pueden usarse para identificar tendencias y "leer" la tabla de precios de acciones desde una perspectiva técnica.

Parte 2: Factores cíclicos a largo plazo
Los cambios tecnológicos son los que impulsan las olas económicas. La invención de Gutenberg del libro impreso fue el catalizador del Renacimiento. Permitió que la literatura, el arte, la filosofía y la ciencia se difundan de una manera más amplia. Aproximadamente al mismo tiempo, el descubrimiento de Vasco de Gama de la ruta marítima a la India provocó un gran incremento en el intercambio comercial mundial.

Si bien es difícil identificar una innovación en particular que haya impulsado hacia una mayor mecanización durante la Revolución Industrial, un aspirante al título de "catalizador principal" es el motor a vapor de James Watt. Los ajustes que realizó en el motor de Thomas Newcomen dieron origen a una gran variedad de máquinas que funcionaban con motor a vapor. Pasó un tiempo antes de que esta nueva tecnología se acomodara por completo a los nuevos sistemas de transporte (canales, vías del ferrocarril y barcos a vapor) porque hubo que encontrar la manera de mecanizar la producción del carbón. Sin embargo, con el tiempo, la industria minera pudo producirlo en gran escala, lo suficiente como para iniciar otro repentino aumento en el comercio internacional utilizando estas nuevas formas de transporte.

El factor desencadenante de lo que Summers describe como la tercera ola de avance económico ha sido el rápido cambio en la tecnología y en la introducción de Internet. Esto permitió reducir el costo de las comunicaciones, y el del almacenamiento y procesamiento de la información. Está trazando caminos para la industrialización, no solamente de China e India, sino también de muchos otros países. En el mundo de la ciencia, la decodificación del genoma humano es un descubrimiento importante que ha generado una gran cantidad de nuevas ramas de la biotecnología y de las ciencias informáticas. Los capítulos 5 a 8 investigan algunos de los temas que pueden llegar a determinar el rumbo de esta nueva ola económica.

Parte 3: Fases de declinación del ciclo
No existe tendencia u ola alguna que se mueva en línea recta, de manera que incluso en un escenario económico ampliamente positivo habrá períodos de desaceleración tanto en las economías como en los mercados de acciones. Los capítulos 9 y 10 se enfocan en factores que podrían precipitar una desaceleración.

Parte 4: Cómo determinar la orientación del mercado
La parte final del libro muestra cómo se puede usar la teoría cíclica para anticipar cuáles son los mercados y sectores que resultarán beneficiados con el cambiante panorama económico en los años próximos. No intentamos realizar una predicción precisa de dónde estará un mercado particular en un momento específico en el futuro, sino que apuntamos a brindar una indicación amplia de la tendencia.

Bibliografía
Dent, H. S., *The Great Boom Ahead*, Hyperion, 1993.

1
HERRAMIENTAS PARA TRAZAR EL MAPA DE LOS MERCADOS

El análisis cíclico provee a los inversores una lectura similar a la de una brújula sobre los paraderos de los mercados mundiales. Se trata de información esencial que necesitan antes de poder comenzar a decidir sobre la asignación adecuada de activos -renta fija, renta variable, efectivo y otros tipos de inversiones-, dentro de sus portafolios. También contribuye a determinar la distribución geográfica. Al colocar la selección de acciones dentro del contexto del análisis cíclico, los inversores sabrán cuándo es el momento apropiado para aprovechar el impulso o perseguir una estrategia defensiva. El análisis técnico identifica las acciones que actualmente exhiben la tendencia alcista más fuerte.

1. Ciclos económicos

El ciclo económico se encuentra en el centro del análisis de las tendencias del mercado. Se ha podido observar por mucho tiempo que las economías no crecen en una dirección estable y lineal. Al contrario, existen períodos de expansión y contracción que tienden a ocurrir a intervalos regulares. Incluso en el Génesis, el primer libro de la Biblia, se hace referencia a los siete años de escasez y siete años de abundancia.

En la etapa preindustrial, el fenómeno de las fluctuaciones económicas estaba ligado a los ciclos agrícolas y a las pérdidas en las cosechas que causaban graves dificultades a las economías basadas en la agricultura. Pero a medida que la sociedad se industrializaba cada vez más, estos ciclos persistían. John Bates Clark, economista americano de fines del siglo XVII, opinó sobre ellos: "El mundo moderno considera los ciclos económicos de la misma manera que los antiguos egipcios consideraban los desbordamientos del Nilo. El fenómeno sucede a intervalos, es de gran importancia para todos y las causas naturales de los mismos no están a la vista". La sociedad se mantuvo mitificada por los altibajos económicos hasta que en la segunda mitad del siglo XIX los economistas que analizaban la información en estadísticas advirtieron que había un ritmo periódico en estas fluctuaciones.

Análisis histórico del ciclo económico
Una de las primeras investigaciones de patrones de la actividad económica fue llevada a cabo en la década de 1880 por William Stanley Jevons, economista, reconocido por su libro *The Theory of Political Economy*. En un artículo llamado "The Periodicity of Commercial Crises and its Physical Explanation" publicado después de su muerte por H. S. Foxwell, Jevons advirtió que volviendo a los comienzos del siglo XVIII, se podía observar lo que él describía como "crisis económicas", las cuales tuvieron lugar aproximadamente cada 9 a 12 años, con un intervalo promedio de 10,44 años.

PBI real de los Estados Unidos   **1.1**
1950-2001, U$S mil millones

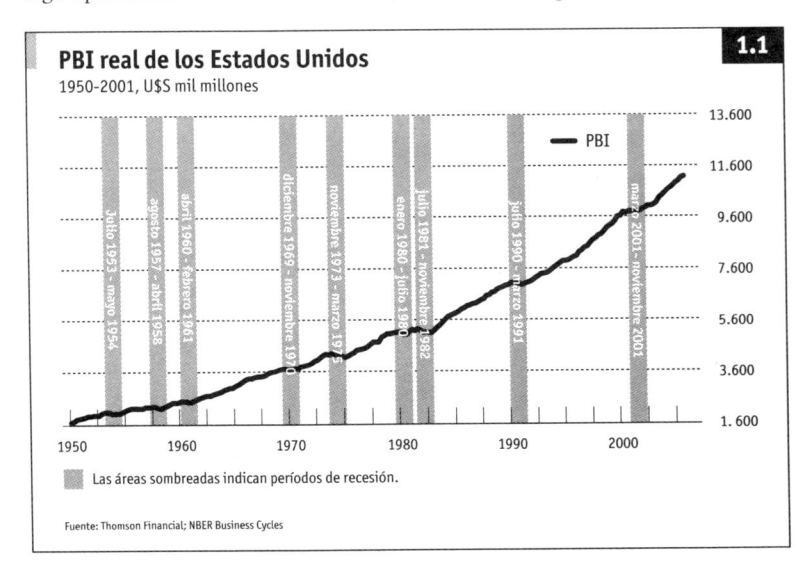

Fuente: Thomson Financial; NBER Business Cycles

Las áreas sombreadas indican períodos de recesión.

Aunque Jevons no "creía que algunos de nuestros economistas ya había desatado el nudo gordiano de las ciencias económicas", pensaba que la causa de estas crisis estaba vinculada al efecto del ciclo solar en las cosechas.

Aproximadamente al mismo tiempo, el economista francés, Clement Juglar, descubrió a través de sus análisis de los movimientos en las tasas de interés y precios en la década de 1860, que se sucedían períodos alternos de prosperidad y liquidación en un promedio 9 a 10 años. Sin embargo, fue el economista alemán, Werner Sombart, quien expuso por primera vez la idea de que estas fluctuaciones económicas no deberían verse como una serie de crisis periódicas sino como una continua ola que seguía un patrón establecido de inflación y recesión. En los Estados Unidos, el período aproximado de ritmo económico de 10 años continuó casi sin interrupciones durante el siglo XX. El año en el que comienza la desaceleración varía un poco, pero durante mediados de siglo pasado ha sido siempre en los primeros tres años de la década. Las recesiones pueden ocurrir en otros momentos de una década, pero no existe un patrón regular: pueden ser el resultado de ajustes excesivos en las regulaciones o en impactos económicos externos. Por lo tanto, parece que el pulso económico de diez años identificado por Jevons y Juglar en el siglo XIX, continúa latiendo regularmente.

El ciclo a largo plazo de Kondratieff

Mientras trabajaba en los primeros años de la revolución comunista, a Nikolai Kondratieff, economista ruso, le fue asignada la tarea de analizar las principales economías capitalistas, Alemania, Francia, Gran Bretaña y los Estados Unidos, con miras a confirmar la teoría marxista de que el capitalismo contiene las semillas de su propia destrucción. Gran parte de la obra de Kondratieff está dedicada a Gran Bretaña y Francia, porque antes de mediados del siglo XIX estos países tenían "el material estadístico más sistemático". Luego del análisis estadístico de los precios de los *commodities*, las tasas de interés, los salarios, el comercio exterior, la producción de carbón, el hierro en lingotes y el acero, remontándose a fines del siglo XVIII, arribó a la con-

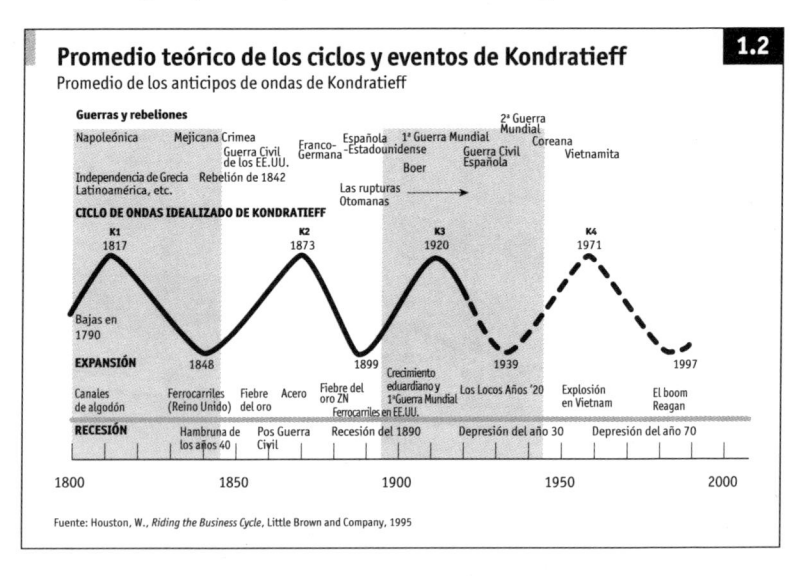

Promedio teórico de los ciclos y eventos de Kondratieff 1.2
Promedio de los anticipos de ondas de Kondratieff

clusión que las fluctuaciones a largo plazo eran una característica inherente al sistema capitalista. Es así que aunque sucedieran desaceleraciones, siempre estarían seguidas por períodos de recuperación económica, y estas olas durarían aproximadamente entre 50 y 60 años de principio a fin (se cita generalmente la duración de 54 años pero es simplemente el promedio de las primeras dos olas). Kondratieff previó que la duración de cada ciclo podía variar considerablemente. La primera onda que identificó fue de 1789 a 1849, la segunda fue de 1849 a 1896 y a la tercera la indicó desde el año 1896 y predijo que culminaría en los años 1930. Por lo tanto, indicó con precisión la profunda depresión de los años 30 y la recuperación subsiguiente.

Kondratieff hizo, además, algunas observaciones empíricas relacionadas con estas ondas. En primer lugar, señaló que antes de la fase de alza de cada onda, tuvo lugar una cantidad importante de innovaciones técnicas y descubrimientos. Además, advirtió que lo que había descrito como "agitaciones sociales y cambios radicales en la vida de la sociedad (revoluciones, guerras)" era más probable que ocurriera durante la fase de alza del ciclo largo. Como se puede observar en la Figura 1.2, la Revolución Francesa, la guerra francoprusiana y la Primera Guerra Mundial sucedieron durante la fase ascendente del ciclo. La tercera observación fue que la fase descendente del ciclo coincidía con períodos de depresión en la agricultura. Por último, los ciclos intermedios de siete a once años ocurrieron dentro de la onda larga. Kondratieff no sugirió la existencia de una conexión causal entre estas observaciones o que ellas pudieran de algún modo explicar la existencia de la onda larga. Admitió que no pudo dar una explicación satisfactoria sobre lo que ocasionó las mejoras económicas, pero sostuvo que pudieron estar relacionadas con el período de tiempo que le llevó al equipo capitalista desgastarse y ser sustituido.

La teoría de Kondratieff acerca de las ondas económicas fue publicada en una serie de artículos entre los años 1922 y 1928. La idea de que el capitalismo contenía un mecanismo económico "autocorrector" iba en contra de las opiniones del recién constituido gobierno comunista y Kondratieff fue llevado a juicio.

(Alexander Solzhenitsyn cuenta en su libro *The Gulag Archipelago* que Kondratieff fue sentenciado a prisión, enloqueció y murió en la cárcel). Su obra, no obstante, salió clandestinamente de Rusia y fue publicada en Alemania en el año 1926. Apareció una reducida traducción al inglés en *The Quarterly Journal of Economics,* en 1935.

¿Una onda descendente de Kondratieff más moderada?
Se ha sugerido que las olas descendentes de Kondratieff a largo plazo se tornan más moderadas a medida que las autoridades financieras logran, de manera más eficaz, registrar las condiciones económicas cambiantes y actuar correctamente. Otros factores tales como la reducción del período entre el descubrimiento y el desarrollo comercial de nuevas ideas también pueden influir en esto. Tanto Kondratieff como Schumpeter reconocieron el aspecto evolutivo de las tendencias económicas. Sin embargo, es muy pronto para sacar conclusiones firmes respecto de la fase descendente de la onda de Kondratieff. Los desequilibrios mundiales, como la magnitud del déficit en las cuentas corrientes en los Estados Unidos, y el inmenso crecimiento de la deuda interna en las economías anglosajonas, podrían, en el caso de que volvieran a niveles más comunes durante un período de tiempo más breve, ejercer una fuerza recesiva extremadamente intensa sobre la economía mundial.

La onda de Kitchin a corto plazo

Posteriormente se identificaron algunas olas económicas más. A principios de la década de 1920, W. L. Crum, profesor de Harvard, identificó un ciclo de aproximadamente 40 meses en las tasas de las obligaciones negociables en Nueva York. Poco después, Joseph Kitchin, otro profesor de Harvard, también descubrió un ritmo económico de 40 meses a través de su obra de análisis de la información estadística de los Estados Unidos y del Reino Unido desde 1890 a 1922. El ciclo Kitchin fue diseñado originalmente para reflejar el ciclo de abastecimiento/desabastecimiento de existencias en los inventarios que atraviesan las empresas, pero la tecnología informática redujo considerablemente la amplitud de los vaivenes en los niveles de inventario y, en consecuencia, disminuyó el impacto en los ciclos económicos. Este ciclo más corto ahora se vincula a los balanceos económicos conectados con el período de elecciones presidenciales en los Estados Unidos (véase pág. 28) y como resultado, dura cuatro años.

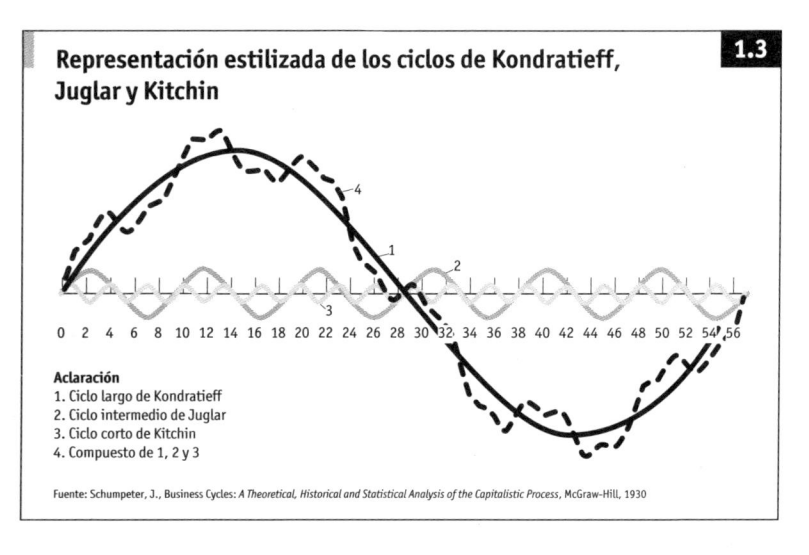

Representación estilizada de los ciclos de Kondratieff, Juglar y Kitchin 1.3

Aclaración
1. Ciclo largo de Kondratieff
2. Ciclo intermedio de Juglar
3. Ciclo corto de Kitchin
4. Compuesto de 1, 2 y 3

Fuente: Schumpeter, J., Business Cycles: A Theoretical, Historical and Statistical Analysis of the Capitalistic Process, McGraw-Hill, 1930

El esquema de tres ciclos de Schumpeter

Hacia principios de 1930, ya se habían identificado diversos ciclos económicos, pero no hubo intento alguno para determinar si existía alguna relación entre ellos. Dicha tarea fue llevada a cabo por uno de los economistas más grandes del siglo XX, el profesor austríaco de Harvard, Joseph Schumpeter. Investigó solamente tres ciclos: el de Kondratieff, el de Juglar y el de Kitchin (Schumpeter hizo hincapié en que esto no implicaba que los otros ciclos fueran menos válidos sino que sólo había decidido enfocarse en estos tres).

En 1939, Schumpeter publicó una obra que constaba de dos volúmenes, *Business Cycles: A Theoretical, Historical and Statistical Analysis of the Capitalist Process*. En dicha obra, expuso que en este "esquema de tres ciclos" los ciclos eran armónicos entre sí. Una onda de Kondratieff podría, por ende, contener cinco o seis Juglars. Cada Juglar, a su vez, podía consistir de tres o cuatro Kitchins.

Schumpeter reconoció que la periodicidad de estas ondas no era rígida y que la cantidad de ondas Kitchin en una Juglar, o de ondas Juglar en una Kondratieff, no siempre sería la misma. Sin embargo, si la curva descendente de cada onda estuviera en fase, el punto más bajo de cada una coincidiría y se producirían severas recesiones económicas o incluso depresiones.

Un "conjunto de innovaciones" potencia la tendencia al alza
Schumpeter explicó por qué las economías alternaban períodos de contracción y de expansión. Esto último, argumentó, ocurre porque las innovaciones suceden en "conjunto" ya que los empresarios solamente están preparados para asumir el riesgo de lanzar sus productos al mercado cuando las condiciones económicas son favorables. En algunos casos, una innovación puede promover otras. Por ejemplo, la posibilidad de tender vías alentó el crecimiento de ferrocarriles y esto a su vez facilitó el medio de transporte en los Estados Unidos a mediados del siglo XIX.

Las ondas largas de Kondratieff coincidieron con una serie de descubrimientos e innovaciones: la onda de 1789 cubrió la primera Revolución Industrial, la de 1849 se acomodó en la era del vapor y del acero, y el período después de 1896 se encontró con la introducción de la electricidad, el motor de combustión interna y muchos descubrimientos químicos. Son estos cúmulos de innovaciones los que activan la fase de tendencia ascendente del ciclo a largo plazo.

Los efectos positivos de la "destrucción creativa"
Schumpeter analizó también cómo se mueven los recursos desde sectores de la economía más añejos y menos productivos a industrias más modernas y dinámicas. La quiebra de una empresa es una tragedia para las personas directamente involucradas en el negocio: los empleados pierden sus puestos de trabajo y los accionistas pierden el dinero que invirtieron. Pero esto es una parte esencial del sistema capitalista. El capital y la mano de obra ligados a empresas ineficaces no se utilizan al máximo potencial económico, de modo que cuando el negocio colapsa se pueden liberar y reacomodar en un sector de la economía más productivo, que probablemente se relacione con el desarrollo comercial de las innovaciones. Este proceso es el que le da al sistema del mercado su dinamismo y que Schumpeter describió como la "destrucción creativa".

¿Qué es un ciclo?
La Figura 1.3 de la página anterior muestra los ciclos de Kondratieff, Juglar y Kitchin como ondas sinusoides suaves (estas ondas parecen formar la letra S, con el extremo puesto de manera horizontal y unido a las otras S). Sin embargo, los economistas tienen un conocimiento incompleto de la forma y del patrón de los ciclos económicos. Como señala Mervyn King, presidente del Banco de Inglaterra: "En la escuela, solíamos trazar curvas sinusoides... Bien, sea lo que fuere el ciclo económico, ciertamente no es una curva sinusoide". Schumpeter puntualizó que aunque los ciclos económicos pueden ayudar a interpretar "el patrón general de la vida económica", no son exactamente idénticos sino que muestran una similitud familiar.

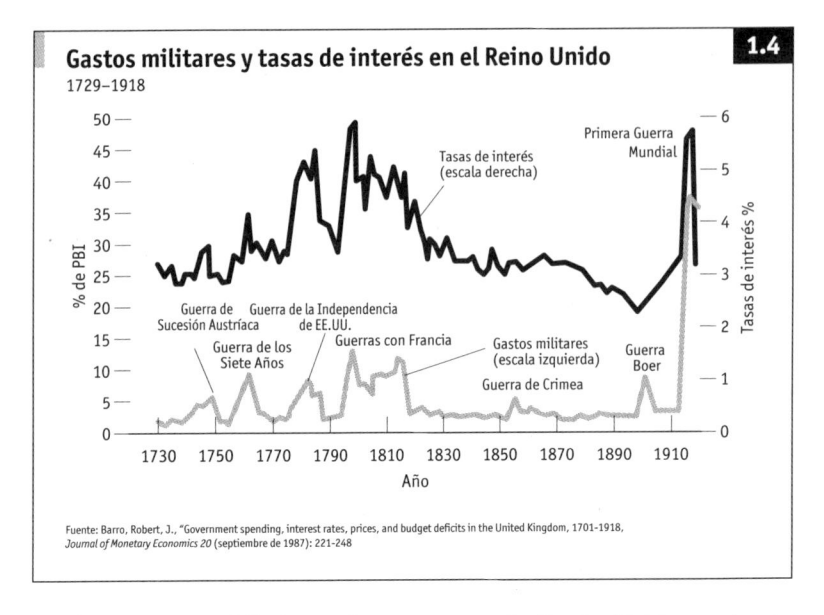

Gastos militares y tasas de interés en el Reino Unido
1729–1918

Guerra de Sucesión Austríaca
Guerra de los Siete Años
Guerra de la Independencia de EE.UU.
Guerras con Francia
Guerra de Crimea
Tasas de interés (escala derecha)
Gastos militares (escala izquierda)
Guerra Boer
Primera Guerra Mundial

Fuente: Barro, Robert, J., "Government spending, interest rates, prices, and budget deficits in the United Kingdom, 1701-1918, *Journal of Monetary Economics 20* (septiembre de 1987): 221-248

Para los inversores es útil saber, en lo que respecta a los Estados Unidos, que los ritmos de cuatro y diez años suceden con una regularidad destacable. En el momento de identificar las principales tendencias mundiales, el ciclo de Kondratieff más largo no es particularmente útil. Kondratieff pensaba que el lapso de cada ciclo podía variar en un 25% (la diferencia entre los períodos de los dos primeros ciclos que identificó).

Rendimiento bruto de los bonos soberanos perpetuos de 2,5% del Reino Unido 1954–2005, %

Fuente: Bank of England; Thomson Financial

Rendimiento bruto de los bonos soberanos de diez años de los Estados Unidos 1953-2005, %

1.6

Fuente: Federal Reserve; Thomson Financial

El margen de error de esta magnitud hace que el ciclo de Kondratieff sea una herramienta bastante imprecisa para el análisis de mercado. Sin embargo, esto no significa que se debe descartar la idea de los ciclos a largo plazo, que pueden ejercer una fuerza negativa o positiva en la economía y los mercados. Como se puede observar en las Figuras 1.4, 1.5 y 1.6 (y en las Figuras 12.1 y 12.2 de las páginas 125 y 126), los mercados indican ciclos de largo plazo. Robert Barro, profesor de ciencias económicas de la cátedra Paul M. Warburg de la Universidad de Harvard, ha correlacionado las tasas de interés con los gastos militares en el Reino Unido. Recientemente, las tasas de interés nominales a largo plazo de los Estados Unidos y del Reino Unido indicaron un ciclo de 50 años, que refleja el incremento y la caída de las presiones inflacionarias. Si bien lo importante en términos de economía subyacente es la tasa de rendimiento efectivo, el ciclo de las tasas nominales es relevante en la determinación de la asignación de activos.

Desde la perspectiva de un inversor de mercado accionario, es mucho más efectivo centrarse en "temas" a largo plazo fáciles de identificar, que probablemente afectarán el crecimiento económico y que se denominan tendencias seculares.

Tendencias seculares

Las tendencias seculares son tendencias a largo plazo que reflejan los cambios sociales y económicos de la sociedad y que normalmente duran una generación o un poco más. Schumpeter identificó el poder que tuvieron los cúmulos de nuevas tecnologías e innovaciones en el ciclo económico a largo plazo. Sin embargo, son las innovaciones en el estilo de vida las que tienen el poder de afectar el crecimiento a largo plazo. El teléfono y el automóvil son dos claros ejemplos. Últimamente, los avances en la tecnología de la comunicación están alentando la próxima fase de industrialización, y son en sí mismos el impulso de crecimiento mundial más poderoso.

Las tendencias demográficas son otro factor secular que puede provocar una repercusión poderosa sobre las tasas compuestas de crecimiento de un país. El mundo está en medio de una enorme transición demográfica que tendrá un efecto significativo sobre las tendencias económicas a largo plazo. En la década de 1930, cuando Schumpeter escribía sobre los ciclos económicos, las poderosas fuerzas económicas (la industrialización y la demografía) no se consideraban variables. El proceso de industrialización ya había tenido lugar en Europa y en los Estados Unidos, e incluso aquellos que previeron que la industrialización podía expandirse a otras partes del mundo lo habían considerado como una posibilidad demasiado distante como para ser factoreada en la teoría del ciclo económico. La demografía también se consideró una constante, porque antes de 1900, el crecimiento de la población mundial había sido lento y aunque la expectativa de vida había comenzado a aumentar en los comienzos del siglo XX, pocos si los hubo, predijeron los enormes cambios en las tendencias demográficas que sucedieron posteriormente.

Los ciclos económicos de cuatro y diez años pueden estar sesgados, ya sea en forma ascendente o descendente, de acuerdo a la fuerza que esté ejerciendo sobre ellos la dirección subyacente de la tendencia secular.

Bibliografía
Kondratieff, N., *The Long Wave*, Richardson & Snyder, 1984.
Mankiw, N. G., *Macroeconomics*, 5th ed., Worth Publishers, 2003.
Jevons, W. S., *Investigations in Currency and Finance*, Macmillan, 1909.
Schumpeter J. A., *Business Ciclos: A Theoretical Historical and Statistical Analysis of the Capitalistic Process*, McGraw-Hill, 1939.
Schumpeter, J. A., *Capitalism, Socialism and Democracy*, Counterpoint ed, Unwin Paperbacks, 1987.
Solzhenitsyn, A., *Gulag Archipelago*, vol. 1, Collins, Harvill Press and Fontana, 1976.

2. Ciclos del mercado accionario

Los ciclos descriptos en el Capítulo 1 son económicos, pero existe una relación simple entre la economía subyacente y el mercado accionario. El factor a largo plazo más uniforme del precio de los valores es la ganancia de las empresas y el determinante principal de estas ganancias es el ciclo económico. (En algunos momentos, como durante el auge de las Punto-com de fines de los 90, el mercado prestó escasa atención a las ganancias de las empresas, pero la mayoría de las veces son el elemento crucial). El mercado accionario, sin embargo, no va a la par de la economía, sino que tiende a mirar hacia el futuro y a pasar por alto los cambios subyacentes en la economía, por lo que el valor de las acciones normalmente aumenta antes de una recuperación y disminuye antes de una recesión. El mercado lidera la economía durante seis meses aproximadamente, pero el período de liderazgo puede variar considerablemente. Existe otra desventaja: los mercados están formados por multitudes que tienden a actuar en manada, lo que se encuentra sujeto a cambios de humor drásticos, positivos o negativos. Estos cambios tienden a ir demasiado lejos. En este sentido, el mercado accionario se asemeja más a un péndulo. Si el péndulo deja de balancearse, quedaría colgado en línea recta. En la práctica, sin embargo, pasa un corto lapso de tiempo en esa posición; la mayoría de las veces vuelve a balancearse de izquierda a derecha. (Para obtener un análisis más detallado de los factores que vinculan la economía al mercado accionario, consulte la parte 4, pág. 109). Eso es lo que sucede en el mercado accionario: el ánimo del mercado es demasiado optimista o demasiado pesimista. Algunas veces el mercado descuenta eventos económicos que no suceden. Paul Samuelson, economista ganador de un premio Nobel, dijo la famosa frase: "El mercado accionario predijo nueve de las últimas cinco recesiones".

En lo que concierne al mercado accionario, el ciclo más importante es el de cuatro años. Se cerró en las elecciones presidenciales de los Estados Unidos y, obviamente, tiene una influencia más directa en el mercado accionario de dicho país. Sin embargo, dado que el mercado accionario de los Estados Unidos generalmente marca la tendencia para el resto de los mercados del mundo, predecir de manera correcta la dirección de este mercado proporciona una guía útil para las tendencias de otros mercados de valores internacionales. La excepción más obvia es Japón (véase el cuadro de la página siguiente).

Japón en el estancamiento
El mercado accionario japonés llegó a un pico de 39.000 en el Índice Nikkei 225, en diciembre de 1989, y luego experimentó un mercado bajista durante 15 años, descendiendo a 7.608 en abril de 2003. La burbuja del precio de activos en Japón reveló la debilidad del sector bancario. Muchas empresas y entidades bancarias tenían participación accionaria cruzada, lo que implicó una resistencia general ante la quiebra involuntaria de las empresas. En lugar de permitir que las empresas con problemas quebraran, se extendieron préstamos de cumplimiento dudoso. Según lo expuesto en el Capítulo 1, "la destrucción creativa" es una parte importante del sistema económico, pero dicho proceso dejó de funcionar en Japón en la década del 90. Con el paso del tiempo, las autoridades se dieron cuenta de que esa "amabilidad" con el sec-

tor empresario estaba, en realidad, acabando con la economía y los primeros signos de cambio en las regulaciones aparecieron en el año 1997, cuando se permitió la quiebra de las tres entidades financieras más grandes. Aunque la participación accionaria cruzada se está liberando gradualmente y la quiebra se está convirtiendo en una característica de la vida corporativa japonesa, desbloquear las grandes cargas de empresas no productivas que quedaron atrapadas en los sectores menos eficientes de la economía, será un proceso bastante extenso.

El ciclo de cuatro años

Generalmente, el año anterior a las elecciones presidenciales en los Estados Unidos es bueno para el mercado accionario. La tendencia en alza continúa durante el año en que se llevan a cabo las elecciones y se otorga al nuevo presidente un pequeño período de luna de miel durante su primer año. No es difícil encontrarle una explicación. A mitad de su mandato, el presidente comienza a centrarse en la reelección (o a asegurarse de que siga su partido en caso de ser un presidente reelecto). Lo más importante del comportamiento del electorado es cómo perciben su bienestar económico. De manera que en las preliminares de una elección se hace todo lo posible para mejorar la economía. En general, una vez que el presidente es reelecto se estudia la realidad, se vuelve a encarar el déficit presupuestario y hay un par de años de restricciones fiscales. Esta manipulación económica se refleja en el rendimiento del mercado accionario.

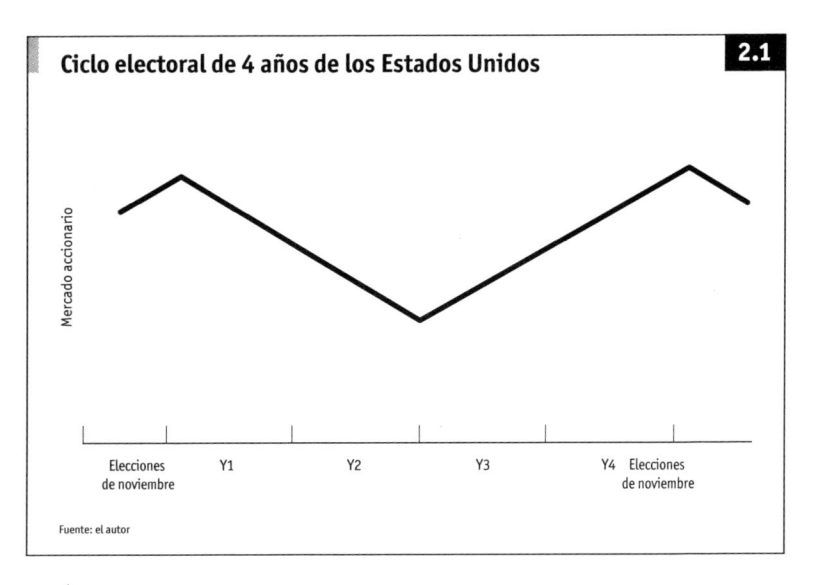

Ciclo electoral de 4 años de los Estados Unidos 2.1

Fuente: el autor

Algunos analistas cuestionan este razonamiento para el ciclo de cuatro años. Jeremy Grantham, gerente de finanzas estadounidense, ofrece una explicación más sutil. Los inversores inconscientemente creen que si fuera a suceder algo que descarrile el mercado accionario en las preliminares de una elección, la administración, y tal vez también la Reserva Federal tomatían las medidas adecuadas. La confianza en que las autoridades sacarían del apuro al mercado accionario si tuviera problemas se conoce como el "optimismo de Greenspan" (por Alan Greenspan, ex presidente del Fed). Con esta seguridad, Grantham sostiene que los inversores normalmente compran en exceso antes de las elecciones presidenciales de los Estados Unidos.

Sea cual fuere el mecanismo detrás de este ciclo de cuatro años, existe una marcada diferencia entre el rendimiento del mercado accionario en los primeros dos años de un gobierno y en los dos subsiguientes. Conforme a The Stock Trader's Almanac, los dos últimos años de los 43 gobiernos que se sucedieron desde 1833 produjeron ganancias acumulativas en el índice Promedio Industrial Dow Jones (basados en el índice de Cowles y otros índices antes de 1896) de un 743% comparadas con las ganancias del 228% en los primeros dos años de dichos gobiernos. A lo largo de este período, la ganancia promedio durante los años de las preelecciones y de las elecciones, es de un 17% anual comparada con el 5% anual en los años posteriores a las elecciones y durante la mitad de los mandatos. Este patrón de cuatro años se muestra en la Figura 2.1.

Tendencias estacionales
Otra característica común de los mercados de acciones son las tendencias estacionales. Existe normalmente una fuerte subida a fin de año que puede continuar hasta enero. A menudo sigue un período de consolidación o incluso una corrección antes de que el mercado presione fuerte otra vez hasta el mes de mayo, cuando es sorprendente cómo el antiguo adagio de "vende en mayo y vete" suele resultar correcto. Luego de una tregua durante los meses de verano, la actividad comercial remonta y algunas veces puede haber un pequeño rally, pero los inversores tienden a sentirse obligados por los prospectos de ráfagas de otoño que normalmente abofetean a los mercados durante septiembre y octubre. Luego de pasar el otoño a salvo, los inversores se establecen en la recuperación de fin de año. Este patrón estacional puede observarse a lo largo del ciclo de cuatro años, como se muestra en la Figura 2.2.

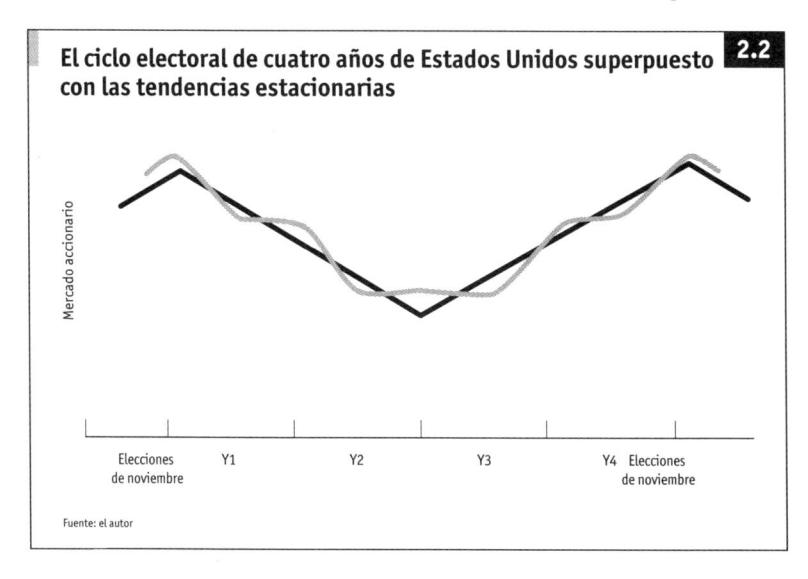

2.2 El ciclo electoral de cuatro años de Estados Unidos superpuesto con las tendencias estacionarias

Fuente: el autor

Ráfagas de otoño
Las quiebras otoñales han pasado a formar parte de la psicología del mercado. Las caídas de octubre de 1929 y de 1987 pueden ser los mejores colapsos, pero en seis de los años entre 1991 y 2005 el mercado accionario cayó significativamente en septiembre u octubre, aunque algunas de las caídas pueden verse como ráfagas en vez de colapsos totales. Incluso hay algunas especulaciones de que los ataques terroristas en Nueva York y en Washington ocurridos el 11 de septiembre de 2001, fueron planeados para provocar el mayor daño financiero debido a la conocida fragilidad del mercado durante el período otoñal. La explicación más común que se da para fundamentar las caídas que ocurren en estos momentos del año es que al volver de las vacaciones de verano, los gerentes financieros y los inversores revisan sus carteras de créditos, y si éstas muestran ganancias hasta el momento del año se ven tentados a tomarlas. Esto pudo haber sido cierto algún tiempo atrás, cuando la mayoría de la gente se tomaba vacaciones al mismo tiempo durante el verano, pero hoy en día las vacaciones ya no se concentran en dicha época del año. Es mucho más probable que haya un aspecto más autosatisfactorio respecto de las ráfagas de otoño. Los inversores tienen marcados los meses de septiembre y octubre como meses de alto riesgo. Por lo tanto, si ocurre una leve baja, que en otros momentos del año sería ignorada o incluso vista como una oportunidad de compra, se apuran a vender. Como resultado, durante estos meses se desarrolla una respuesta casi pavloviana a la presión de vender.

La pregunta inmediata que surge de este simple ciclo de cuatro años es: ¿cómo desarrollan los mercados las tendencias de múltiples años si se recuperan durante dos y luego renuncian a la mayoría de sus ganancias en los dos años siguientes? En primer lugar, cabe destacar que a pesar de la experiencia vivida desde 1990, los mercados pasan mucho tiempo moviéndose horizontalmente. En el Reino Unido, por ejemplo, luego de que las acciones alcanzaran un pico en 1968, no recobraron su valor en términos reales hasta mayo de 1987.

Cuando emergen tendencias de varios años, como en las extensas alzas en el mercado estadounidense durante las décadas del 80 y 90 o como las que experimentaron los inversores en Japón en los años 90, ello se debe a que las tendencias están ejerciendo una poderosa "presión de marea" en el ciclo de cuatro años, que las torna ya sea hacia arriba o hacia abajo (ver Figuras 2.3 y 2.4).

El ciclo de cuatro años se puede observar más claramente cuando el rendimiento del mercado accionario se muestra en términos reales (es decir, ajustado por los cambios en los niveles de inflación), como se ve en la Figura 2.5.

El ciclo electoral de cuatro años de los Estados Unidos, sesgado por una tendencia ascendente

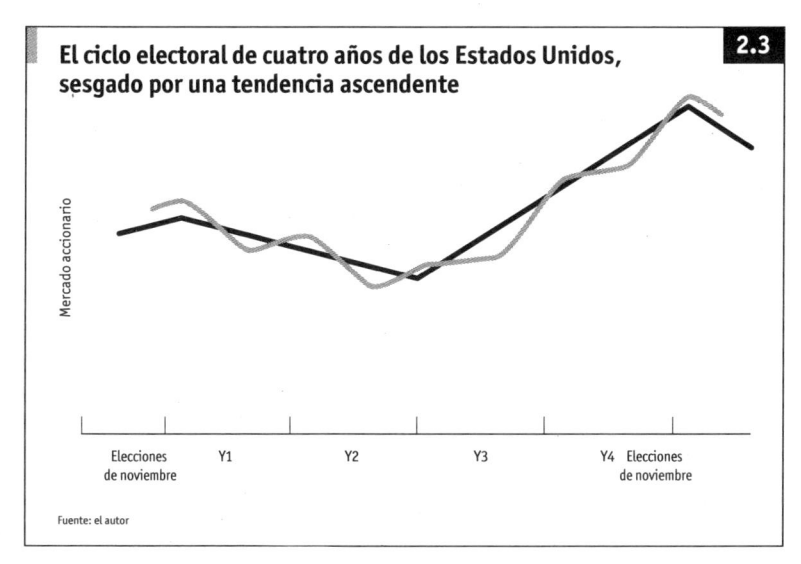

2.3

Mercado accionario

Elecciones de noviembre — Y1 — Y2 — Y3 — Y4 — Elecciones de noviembre

Fuente: el autor

El ciclo electoral de cuatro años de los Estados Unidos, sesgado por una tendencia descendente

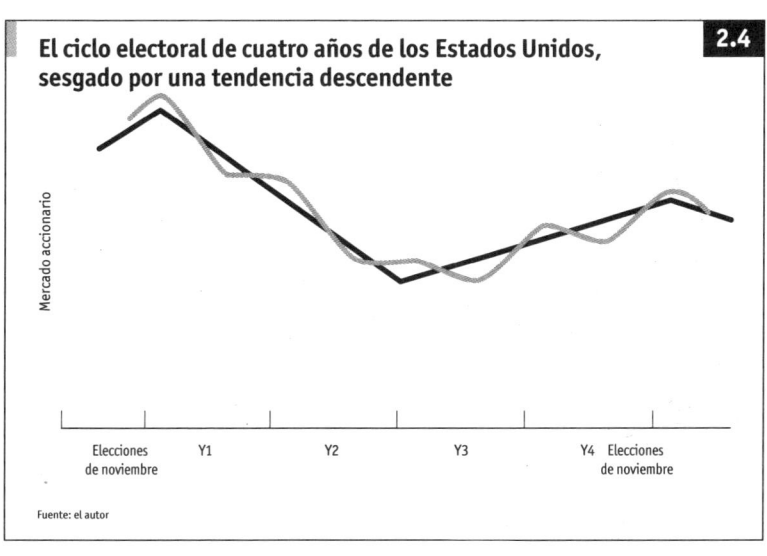

2.4

Mercado accionario

Elecciones de noviembre — Y1 — Y2 — Y3 — Y4 — Elecciones de noviembre

Fuente: el autor

Índice S&P 500 en términos reales
1954-2005

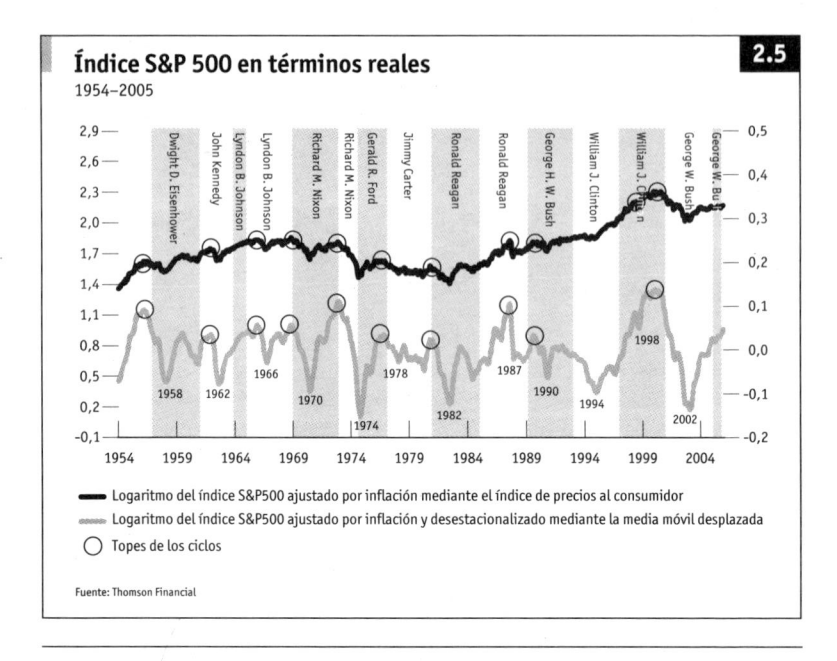

2.5

- Logaritmo del índice S&P500 ajustado por inflación mediante el índice de precios al consumidor
- Logaritmo del índice S&P500 ajustado por inflación y desestacionalizado mediante la media móvil desplazada
- ○ Topes de los ciclos

Fuente: Thomson Financial

Tabla 2.1 **Niveles de cierre del índice Promedio Industrial Dow Jones, 1904-2005**

				% de cambio
Al 31 de Dic. 1904	69,61	Al 31 de Dic. 1905	96,20	38,2
Al 31 de Dic. 1914	54,58	Al 31 de Dic. 1915	99,15	81,7
Al 31 de Dic. 1924	120,51	Al 31 de Dic. 1925	156,66	30,0
Al 31 de Dic. 1934	93,36	Al 31 de Dic. 1935	144,13	54,4
Al 31 de Dic. 1944	152,32	Al 31 de Dic. 1945	192,91	26,6
Al 31 de Dic. 1954	404,39	Al 31 de Dic. 1955	488,40	20,8
Al 31 de Dic. 1964	874,13	Al 31 de Dic. 1965	969,26	10,9
Al 31 de Dic. 1974	616,24	Al 31 de Dic. 1975	852,41	38,3
Al 31 de Dic. 1984	1.211,00	Al 31 de Dic. 1985	1.546,00	27,7
Al 31 de Dic. 1994	3.833,00	Al 31 de Dic. 1995	5.117,10	33,5
Al 31 de Dic. 2004	10.783,01	Al 31 de Dic. 2005	10.717,50	−0,6
Promedio				32,9

Interacción entre los ciclos de cuatro y de diez años

Una de las influencias más poderosas sobre el ciclo de cuatro años es el ritmo económico de diez años de Juglar. Los ciclos de diez y cuatro años no se corresponden bien entre sí, y coinciden perfectamente solamente cada 20 años. Como consecuencia, a medida que los dos ciclos interactúan entre sí, se desarrolla una figura compleja dando un patrón diferente de una década a la siguiente. El patrón completo se mismo aumenta también aumenta el dinero que ingresa al mercado. En la parte superior del mercado se percibirán algunas ganancias, pero la sensación es predominantemente optimista y la mayoría de las instituciones se pasarán a una postura más neutral y se abstendrán de comprometer nuevos recursos en el mercado en lugar de vender sus propiedades. A medida que el mercado continúa cayendo, una mayor proporción de inversores venderán mayor cantidad de tenencias hasta que se toque fondo. Entonces, en lugar de tener un patrón regular de inversiones y desinversiones (lo que provocaría una onda sinusoide), el mercado se mueve en un patrón de ondas sesgado como se muestra en la Figura 2.7. Esto significa que en lugar de separarse en dos mitades iguales de dos años, la fase alcista del ciclo de cuatro años dura normalmente 30 meses y la fase bajista 18.

Si se combinan las Figuras 2.6 y 2.7, se obtiene un patrón de onda Elliott (Figura 2.8). En la parte inferior del ciclo (A) los inversores generalmente perciben que el mercado está descendiendo, pero algunos compradores arriesgados entran al mercado, lo cual genera una

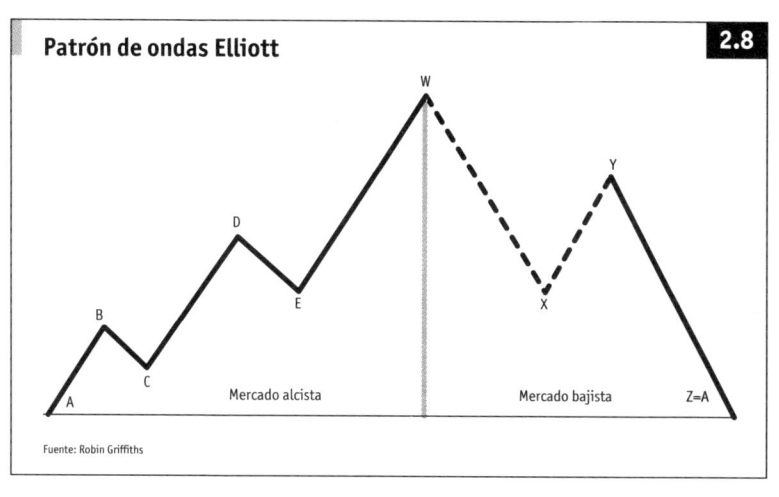

Patrón de ondas Elliott 2.8

Fuente: Robin Griffiths

leve recuperación. En el punto B, estos primeros compradores se adelantan a la tendencia y toman ganancias. La mayoría de los inversores perciben aun que la tendencia es horizontal y, por lo tanto, no están listos para comprometer sus recursos. Esto genera un retroceso hacia el punto C. Este proceso se vuelve a repetir con una cantidad ligeramente mayor de compradores que ingresan al mercado, llevando a una suba al punto D. El desplazamiento desde el punto A al E tiene lugar entre los períodos de tiempo 1 y 2 en la Figura 2.6. Cuando se llega al punto E, tanto la tendencia percibida como la real son alcistas (período de tiempo 2 en la Figura 2.6). El sentimiento es del 80% al 100% optimista, dando lugar a un fuerte rally impulsivo hasta el punto W, el tramo más largo y grande de la fase alcista.

En la parte superior (el punto W), sucede lo mismo a la inversa. La primera señal de venta tiende a ser silenciosa. El rally descendente, que se muestra como línea de puntos en el primer lado descendente, suele ser difícil de distinguir y la fase de recuperación puede llegar a marcar un nuevo máximo o, al menos, un patrón de doble techo. La parte pronunciada de la caída ocurre desde la Y hasta la Z (entre los períodos de tiempo 4 y 5 en la Figura 2.6), punto en el cual las tendencias percibidas y reales son pesimistas.

Las Figuras 2.9 a 2.11 muestran cómo las ondas ascendentes de Elliott pueden ser incorporadas al ciclo básico de cuatro años que se observa en las Figuras 2.1 a 2.4.

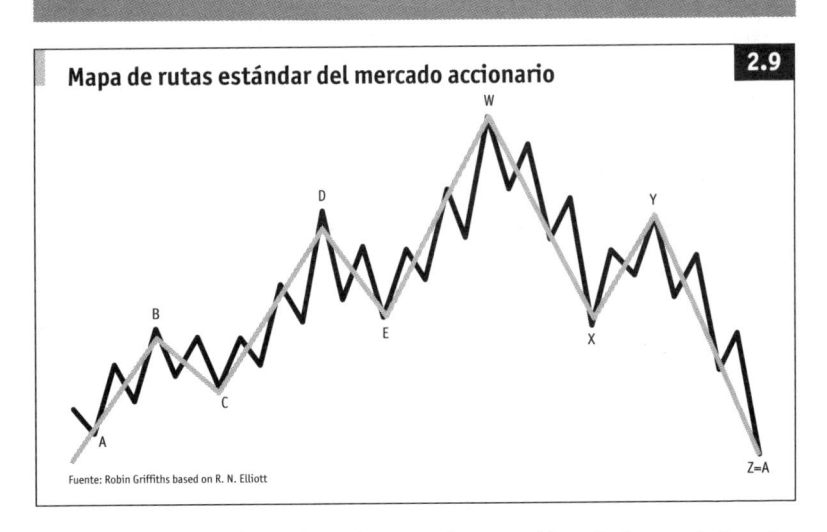

Mapa de rutas estándar del mercado accionario 2.9

Fuente: Robin Griffiths based on R. N. Elliott

Donde la tendencia a largo plazo ejerce una fuerza positiva, el efecto será distorsionar el ciclo básico de cuatro años hacia arriba, extendiendo las ondas ascendentes y minimizando las descendentes tal como se ve en la Figura 2.10.

Por el contrario, en un mercado que se encuentra atravesando una tendencia negativa a largo plazo, ocurrirá lo opuesto. Los desplazamientos descendentes se extenderán y las recuperaciones tendrán un avance relativamente pequeño, como se muestra en la Figura 2.11.

Cómo analizar el mercado

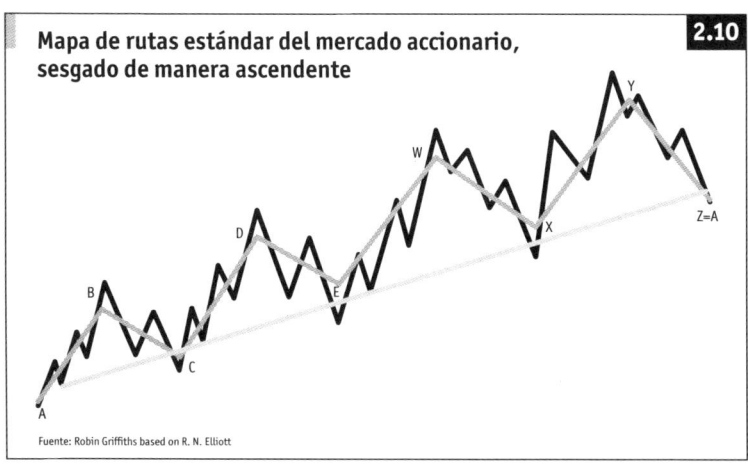

Mapa de rutas estándar del mercado accionario, sesgado de manera ascendente — 2.10

Fuente: Robin Griffiths based on R. N. Elliott

Mapa de rutas estándar del mercado accionario, sesgado de manera descendente — 2.11

Fuente: Robin Griffiths based on R. N. Elliott

Esencialmente, todos los índices del mercado accionario están presentes en uno de estos tres mapas de rutas ejemplificados en las Figuras 2.9 a 2.11 y muchos de los mercados tienen una fuerte correlación positiva entre sí. El ciclo de cuatro años superpuesto con la tendencia de largo plazo adecuada provee a los inversores de un "mapa de ruta" a través del cual pueden determinar qué países o regiones tienen probabilidades de presentar un mejor rendimiento en comparación con otros mercados.

Bibliografía

Bootle, R., *Money for Nothing*, Nicholas Brealey Publishing, 2003.
Hirsch, Y. y Hirsch, J., *Stock Trader's Almanac*, John Wiley & Sons, 2005.
Investors' Chronicle, 30 de abril-6 de mayo de 2004.
Murphy, J. J., *Intermarket Analysis*, John Wiley & Sons, 2004.
Siegel, J. J., *Stocks for the Long Run*, 3rd ed., McGraw-Hill, 2002.

3. Rotación del sector

El análisis cíclico es útil para determinar la correcta distribución de activos y el equilibrio de una cartera de inversiones. No obstante, se necesitan técnicas de "mapeo" más detalladas para explorar los procesos de distribución por sectores y de selección de acciones.

En los Capítulos 1 y 2 se expuso cómo los ciclos de alzas y bajas del mercado están impulsados por los ciclos en la economía subyacente, pero con un desfasaje en el tiempo. El mercado ignora los cambios anticipados, no mira lo que esta ocurriendo en el presente (a menos que se trate de un evento "externo", como ser un ataque terrorista que aún no se registró, en cuyo caso el mercado se reajusta rápidamente para incorporar esta nueva información).

En los Estados Unidos, el ciclo de cuatro años se encuentra íntimamente relacionado con el ciclo político o electoral. En sus campañas de reelección, los presidentes no pueden resistirse a la tentación de revisar ligeramente la economía para tratar de maximizar el factor "sentirse bien". Esto impacta en las tasas de interés y, como consecuencia, la rotación de sector se encuentra ampliamente conducida por los movimientos de las tasas de interés.

El punto bajo

En el piso o nivel inferior del ciclo del mercado accionario, la economía se halla en un estado pobre y con expectativas de empeorar. Esto da lugar a la perspectiva de que las tasas de interés tendrán que caer para contrarrestar la desaceleración económica y por detrás de esta expectativa, que el rendimiento de las acciones comenzarán a tener buena performance. En esta etapa del ciclo, los bancos generalmente toman la iniciativa, seguidos de otros jugadores financieros.

A medida que se hace obvio el hecho de que la economía está comenzando a recuperarse, la tendencia alcista del mercado accionario adquiere impulso. Ahora, la fuerza dominante es el consumismo. Las acciones que se mueven en correlación con la economía comienzan a ser las líderes del mercado. Los vendedores minoristas, por ejemplo, aparecen con frecuencia en los informes de mercado de renta variable.

En esta etapa, las acciones del sector financiero no habrán llegado a su punto más alto pero debido a que estuvieron en ascenso por más tiempo que otros sectores del mercado, no resultan tan atractivos y su ritmo de crecimiento se desacelera. Es un axioma del análisis técnico que la fuerza relativa (es decir, el rendimiento de una acción comparada con el mercado como un todo) llegará a un pico antes de que el precio de la acción suba. Por lo tanto, existen más acciones en ascenso de las que había al comienzo de la fase alcista y los indicadores que tenían como objetivo estimar la amplitud de la actividad del mercado comienzan a mejorar de manera significativa. Por ejemplo, la proporción de capitales que demuestran ganancias, opuesta a aquellos que exhiben una caída, comienzan a remontar considerablemente, al igual que las acciones que cotizan por sobre su media móvil.

El punto medio

En medio de un alza hay una mejora generalizada en los ánimos del mercado y, si bien al comienzo del ciclo la compra estaba ampliamente limitada a las instituciones, ahora comienza a diseminarse en el público general.

Recobrar la confianza

La siguiente fase de la recuperación es impulsada por "la manada rugiente". No solamente es mayor la cantidad de gente que compra sino que hay más agresividad respecto de la proporción de fondos que van a comprometer en el mercado accionario. Las acciones de baja capitalización y orientación al crecimiento (y en efecto, los tips de acciones) tienen una influencia seductora. Los niveles de valuación suben y los índices de precios/ganancias extremos son justificados por fundamentos cada vez más sutiles. En esta fase del ciclo, nos podemos encontrar con exuberancia irracional y burbujas. Es un momento de gran confianza y excesivo optimismo. Las profecías de mal agüero son reemplazadas por las promesas de "la economía de los ricitos de oro", "del paradigma perfecto" y de la más traicionera de todas, "esta vez es diferente". Esta etapa del rally puede durar mucho tiempo. Los inversores experimentados tomarán ganancias con demasiada anticipación y luego pasarán meses frustrantes, o incluso años, viendo cómo pagan un elevado costo de oportunidad. Las ganancias obtenidas en estos movimientos impulsivos pueden ser sustanciales. Es así que vale la pena seguir con la corriente pero hay que ser duro al momento de cerrar posiciones ante cualquier contratiempo. Los objetos de inversión en esta etapa del ciclo tienden a ser empresas pequeñas y costosas con una "historia" convincente.

La fase "impulsiva"

Durante la fase "impulsiva" de la tendencia alcista, vienen tiempos en los que se reconoce que las valuaciones han ido muy altas y la economía comienza a recalentarse. Hay una tendencia para concentrarse menos en el crecimiento de las ganancias y más en el valor de los activos. Los ejecutivos reconocen que las acciones de sus empresas son costosas y que hay una aceleración en las operaciones de absorción de empresas. Los sectores de propiedades comerciales y particulares generalmente tienen un buen rendimiento en esta etapa del ciclo.

Es también en este punto que los sectores de peor performance comienzan a recuperarse. Estos son, por lo general, los mercados cíclicos clásicos. Dado que el precio de sus acciones no avanzó tanto como el de las acciones líderes, parecen baratos en comparación. Los metales, minerales y otros recursos, normalmente tienen una tendencia positiva durante esta etapa pero sus calificaciones crediticias nunca llegan a los niveles glamorosos de atracción de las pequeñas empresas con elevado nivel de crecimiento. Por muchos años, estas *commodities* tuvieron una tendencia secular descendente y, en consecuencia, tendieron a cotizar por debajo de los sectores de movimiento rápido. Las *commodities*, impulsadas por la demanda en China y otros países emergentes, se encuentran ahora en una tendencia secular ascendente, por lo que adquirirán lentamente una base de valoración más alentadora, pero permanecerán en su lugar en el ciclo. Esto ya está sucediendo, por ejemplo, con firmas como *BHP Billiton*.

Después de la suba

Finalmente, se verá que la economía alcanzó un techo y los optimistas esperarán un descenso gradual. Por su parte, los pesimistas anticiparán una extensa recesión. El sector financiero es el primero en decaer, pero el malestar se expande rápidamente por todo el mercado. Los indicadores que controlan la amplitud de la actividad económica van a la inversa, aunque el mercado pueda estar aún en ascenso, calmando a la mayoría de los inversores y haciéndoles creer (y actuar) como si la tendencia al alza se fuera a mantener. Algunos inversores, sin embargo, comenzarán a aumentar la participación de los bonos en sus portafolios de inversiones. Cada vez más inversores adoptarán una estrategia defensiva. Los clásicos sectores defensivos son: el tabaco, las bebidas, las farmacéuticas y las empresas de servicios. Tienden a pagar buenos dividendos y, en algunos casos, equiparan el rendimiento de los bonos. Desde un punto de vista psicológico, no sólo hay una negación a reconocer el cambio en la tendencia, sino también una inclinación a negar lo que está ocurriendo. Por esta razón, algunas acciones de "situaciones especiales" audaces pueden tener un buen rendimiento en esta etapa y las causas que generaron las subas anteriores pueden provocar una segunda ráfaga. De hecho, es el último aliento. Eventualmente, la fase de recapitulación se acciona y el mercado entra en descenso hasta tocar fondo en el siguiente ciclo.

4. Selección de acciones

Cuando de elegir acciones individuales se trata, la lectura "técnica" del precio de las acciones es un modo efectivo para identificar aquellas empresas que tienen un potencial positivo de suba, pero no se deberían ignorar los principios fundamentales de la empresa.

El análisis técnico actúa como radar e identifica las fuerzas de la oferta y la demanda de un mercado o acción en particular. En este sentido, es diferente al análisis fundamental. Los analistas fundamentales tratarán de poner un valor intrínseco al precio de las acciones de una empresa. Aunque estén acertados en su análisis de que el precio de una acción está por debajo de su valor intrínseco, es posible que tengan que esperar años hasta que el mercado se acerque a su punto de vista. Lamentablemente, la paciencia no es una de las características que definen al mundo moderno de las inversiones. Los administradores de fondos e incluso los administradores de los fondos de pensiones son evaluados trimestralmente. A algunos inversores les sigue interesando participar en un largo juego, pero en el mercado actual la mayoría de los participantes tienen horizontes cortos y no están preparados para esperar que crezcan peras de los olmos.

El análisis técnico brinda, además, un riguroso sistema de administración monetaria, dado que inserta un elemento de disciplina en los momentos críticos de decidir cuándo realizar ganancias o asumir pérdidas. Una vez que se elige una acción, existen disparadores automáticos que obligan a los analistas a revisar sus recomendaciones de compra en caso de que el precio de la acción comience a caer en lugar de subir como se anticipaba. Por el contrario, si un analista fundamental calcula que una acción representa un buen valor a un precio en particular y luego el precio cae un 10% sin que haya cambios en los principios fundamentales de la empresa, esto representará un mejor valor de entrada. "Mejores oportunidades de compra", el eufemismo usado por los corredores de bolsa cuando alientan a sus clientes a comprar una empresa cuyo paquete accionario cayó desde sus recomendaciones originales, provoca que los inversores terminen comprando en un mercado en descenso.

Al perseguir la compra de empresas cuyos precios accionarios reflejan una tendencia en alza, el análisis técnico trata de encapsular la teoría de Schumpeter de la "destrucción creativa" dado que las empresas de los nuevos sectores de la economía serán inevitablemente acciones con perfil de crecimiento. En cambio, los inversores de "valor" se verán persiguiendo capitales en sectores decadentes de la economía o comprando empresas cuyos esfuerzos para recuperarse a sí mismas en las fronteras más dinámicas de la economía no fueron exitosos. Marconi, que inició sus actividades con GEC, es un buen ejemplo de esto.

En la década del 80 y principios de los 90, dirigida por Lord Weinstock, GEC era una sociedad excelentemente administrada que se dedicaba a una diversidad de negocios industriales de la "vieja economía". Había acumulado una gran reserva de efectivo y era criticada por no utilizarlo para invertir en nuevos negocios. En 1996, cuando Lord Weinstock se retiró, la nueva gerencia emprendió una política de adquisición de empresas de "nuevas tecnologías" con el objeto de cambiar el enfoque de la GEC hacia una economía de avanzada: tecnología de las comunicaciones e informática. Cuando el negocio de defensa se vendió a British Aerospace (actualmente conocida como Bae Systems) en 1999, la transformación de la empresa fue marcada al cambiar su nombre por Marconi (otro ejemplo de cómo un cambio de nombre puede señalar el comienzo de una decadencia corporativa). En diciembre de

Marconi: medias móviles de 50 y 200 días
2000–01

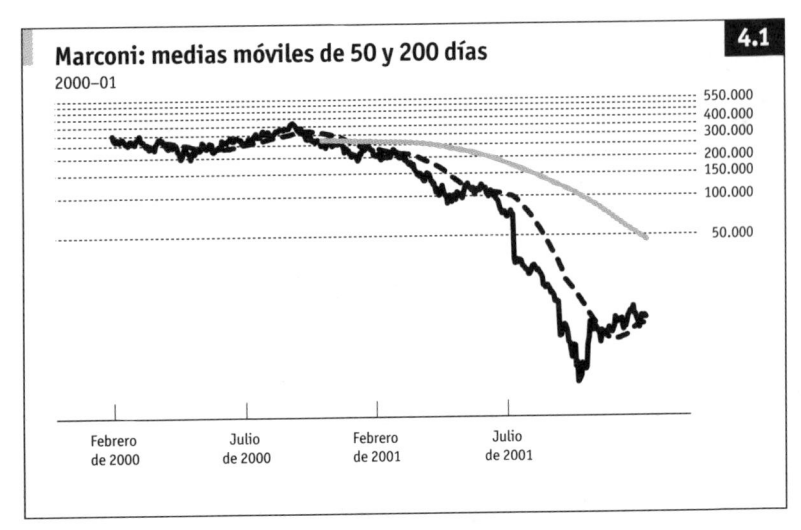

Figura 4.1

2001, algunos analistas fundamentales formularon la recomendación de compra para Marconi. En ese entonces, no parecía una idea extraña (véase la Figura 4.1). Gran parte de las empresas punto-com habían sido arrebatadas del mercado y el precio accionario de Marconi volvió a los niveles que había tenido en 1999, antes de que la burbuja comenzara a inflar los precios a una tasa insostenible.

La Figura 4.2 muestra lo que sucedió posteriormente con el precio de las acciones. Es posible que los analistas técnicos hayan identificado de manera incorrecta el descenso del precio de las acciones antes de la media móvil a corto plazo en diciembre de 2001, como un punto decisivo para formular una recomendación de compra. Sin embargo, al mes siguiente la caída por debajo de la media móvil a corto plazo marcó una pérdida de impulso que debió haberlos forzado a

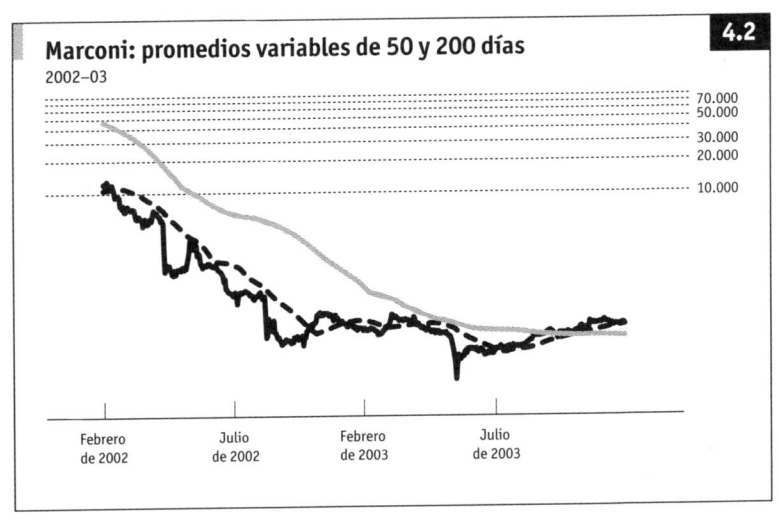

Marconi: promedios variables de 50 y 200 días
2002–03

Figura 4.2

revisar su recomendación de compra.
Al basar su selección en el movimiento de fondos en el mercado, el análisis técnico es, por lo tanto, efectivo en definir el momento para comprar (o cerrar) una posición.

Un doble control fundamental
Una vez que un indicador técnico muestra que una acción es una oportunidad, resulta útil examinar los indicadores fundamentales para comprobar si hay valor intrínseco en la empresa y que no es solamente un negocio etéreo que desaparecerá de los radares técnicos tan pronto como apareció. El colapso de la fiebre del puntocom en el año 2000 es el mejor ejemplo de lo que puede suceder si los inversores compran acciones por el sólo hecho de que están en alza, sin tener en cuenta si la empresa obtuvo ganancias o tiene posibilidades de obtenerlas en un futuro previsible.

Aplicación del análisis técnico en diferentes mercados
Las herramientas del análisis técnico se pueden aplicar a cualquier mercado (acciones, índices, bonos, monedas o *commodities*) en que el precio esté influenciado por las fuerzas de oferta y demanda. La idea principal de esta sección es, sin embargo, demostrar cómo se pueden usar las herramientas del análisis técnico para seleccionar acciones individuales. La mayoría de los ejemplos elegidos son acciones.

El poder del momento positivo
El momento positivo es, por lo tanto, la clave para una exitosa selección de acciones para los inversores que buscan el crecimiento de su capital. La manera más fácil de medir el momento es observando la línea de tendencia. En un mercado alcista, la línea trazada bajo una sucesión de bajas dará una tendencia ascendente. Por el contrario, en un mercado con sesgo bajista, la línea que una las altas producirá una tendencia descendente. En un mercado que se mueve horizontalmente, la tendencia será plana.

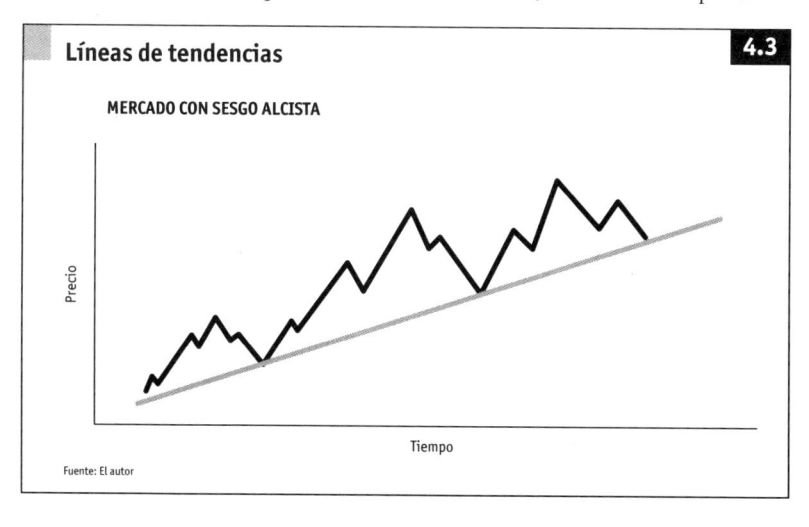

Líneas de tendencias 4.3

MERCADO CON SESGO ALCISTA

Precio

Tiempo

Fuente: El autor

MERCADO CON SESGO BAJISTA

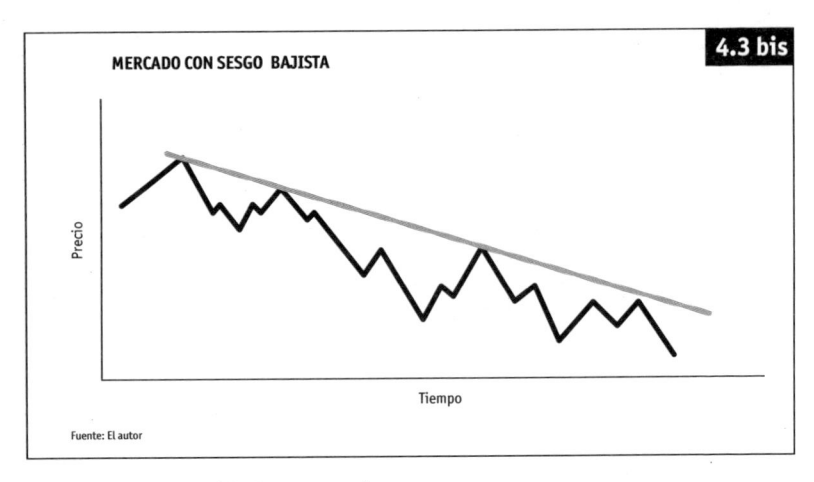

4.3 bis

Precio / Tiempo

Fuente: El autor

Tendencias dentro de los mercados

Algunos académicos se burlan de la idea de que los mercados se mueven en tendencias y es conveniente comentar sobre este debate en este momento. Estos académicos avalan la hipótesis del mercado eficiente, que sugiere que en todo momento la totalidad de la información ya está incorporada a la cotización del mercado y por eso el próximo movimiento de precios será independiente del anterior o de los anteriores. Se sostiene que los mercados toman un camino aleatorio, pues no siguen ningún patrón o tendencia. Cualquier intento de superar el mercado es, por lo tanto, en vano ya que este se basa en la suerte más que en el juicio.

En su libro *The (Mis)Behaviour of Markets*, el matemático Benoit Mandlebrot explica por qué esta teoría es defectuosa. Una versión simplificada de su teoría sería la siguiente: si los mercados fueran verdaderamente aleatorios, sería tan probable que los precios suban como también que bajen y si se representaran varios cambios de precios en un gráfico caerían en una distribución normal o gaussiana (formando la conocida curva en forma de campana que se muestra como la línea continua en la Figura 4.4). Las características de la curva normal son que las variaciones de una desviación estándar de la media son comunes y ocurren el 68% de las veces, y el 95% de todas las desviaciones ocurrirán dentro de dos desviaciones estándares de la media. Entonces, de 100 cambios de precios, pueden ocurrir movimientos tan grandes como dos desviaciones estándares de la media en sólo cinco ocasiones. Igualmente, existe la posibilidad de que ocurran cambios mayores que estos pero, en la práctica, son inusuales. Mandelbrot estudió los movimientos de precios del algodón (se enfocó en este mercado porque podía obtener registros confiables de hasta 100 años atrás). Lo que descubrió fue que los movimientos de precios del mundo real respetaban una distribución leptocúrtica (mostrada como la línea punteada en la Figura 4.4). (Una distribución se denomina leptocúrtica –del griego *lepto*, que significa delgada– si es al mismo tiempo más puntiaguda y con colas más anchas que las de una distribución normal).

Otros mercados han demostrado una forma similar de comportamiento. Eugene Fama, estudiante de Mandlebrot, estudió 30 acciones *blue-chips* del índice Dow Jones. Encontró que los precios llevaban un largo tiempo realizando sólo desviaciones pequeñas, parecían estar sujetos a rangos en torno a la media. Cuando si se mueven, los cambios son sustanciales: de siete a diez desviaciones estándar. Si los movi-

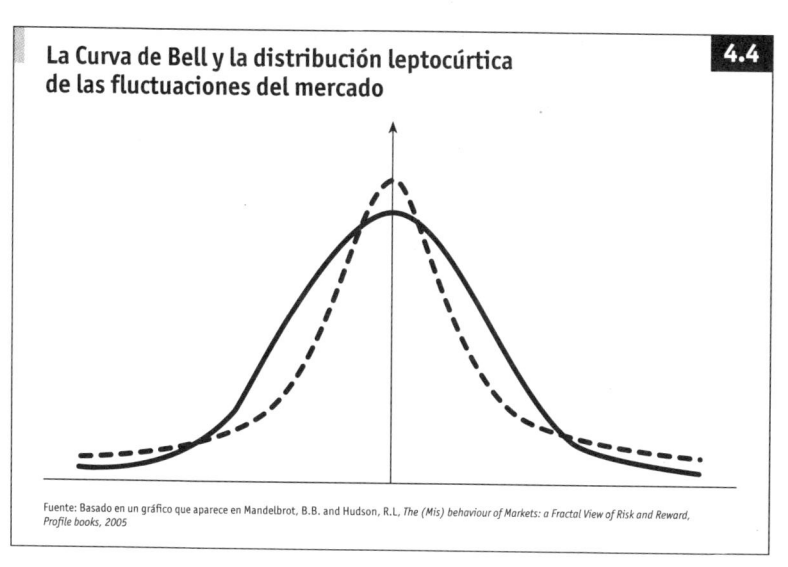

La Curva de Bell y la distribución leptocúrtica de las fluctuaciones del mercado

4.4

Fuente: Basado en un gráfico que aparece en Mandelbrot, B.B. and Hudson, R.L, *The (Mis) behaviour of Markets: a Fractal View of Risk and Reward*, Profile books, 2005

mientos de precio dentro de un mercado se ajustaran a la curva normal estándar, un movimiento de más de cinco desviaciones estándar ocurriría sólo una vez cada 7000 años. Pero en la práctica lo que debería ser un evento increíblemente inusual ocurre con la regularidad suficiente como para desautorizar la idea de que los movimientos del mercado se ajustan a la curva de Gauss estándar.

De acuerdo con Mandelbrot, existen pruebas suficientes como para sustentar la idea de que los precios demuestran una "dependencia a corto plazo". En otras palabras, un cambio en el precio puede estar influenciado por el comportamiento de cambios previos de precios. Existe un momento interno en el mercado. Los autores creen que este momento interno ocurre porque los mercados son una función de la interacción humana y que las multitudes humanas poseen una tendencia a agruparse. En el mundo real del mercado, este momento interno es el que hace surgir las tendencias que, como se mencionó al comienzo de este libro, aparecen con más frecuencia y persisten durante más tiempo del que permitirían por las leyes del azar. Una cualidad esencial para los inversores es, por lo tanto, la capacidad de identificar tendencias. Sin embargo, Mandelbrot cree que los movimientos futuros de los mercados se pueden predecir mucho mejor por medio de una geometría fractal (una rama de la ciencia fundada y definida por el matemático de la siguiente manera: "Percibe el orden oculto en lo aparentemente desordenado, la planificación en lo no planificado, el patrón regular en la irregularidad y la aspereza de la naturaleza").

Fuerza relativa

Al momento de comprar una acción, no basta con el mero hecho de que el precio esté subiendo. En un mercado en crecimiento todas las acciones aumentarán. Para identificar qué acciones poseen una energía agregada y están subiendo con mayor rapidez que el mercado en general, es útil observar su desempeño relativo o su fuerza. Esto implica la medición de la cotización de las acciones de un sector o individuales comparadas con la de un índice relevante (por ejemplo, utilizando el índice de todas las acciones de FTSE para evaluar el desempeño destacable de las acciones del

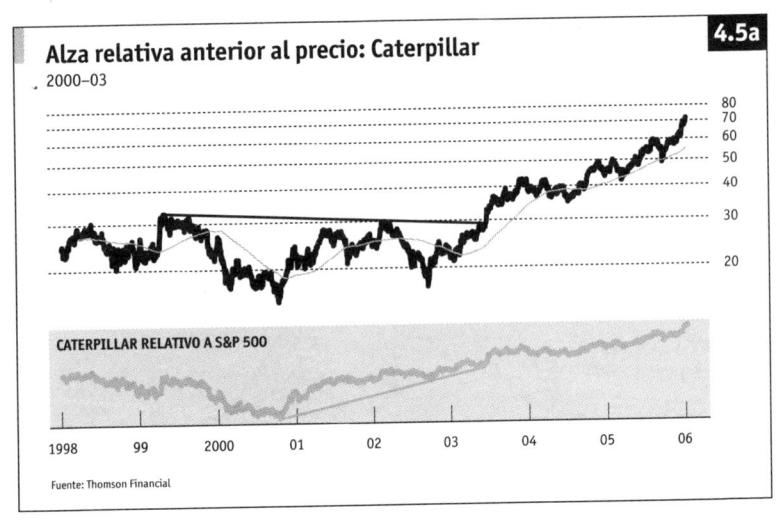

Alza relativa anterior al precio: Caterpillar
2000–03

4.5a

CATERPILLAR RELATIVO A S&P 500

Fuente: Thomson Financial

Reino Unido o el S&P 500 para las acciones de Estados Unidos). Al representar la tendencia relativa de acciones en el mercado, se pueden realizar comparaciones directas de las acciones dentro de un sector particular. La tendencia relativa de las acciones en el mercado o comparadas entre sí resume las diferencias que ha arrastrado el mercado. También es interesante ver con qué frecuencia ocurrirá un punto de inflexión en el gráfico relativo antes de que aparezca en el gráfico de precios (consulte las Figuras 4.5 y 4.6). Por lo tanto, la fuerza relativa es una herramienta extremadamente útil en el proceso de selección de acciones.

La fuerza relativa se puede cuantificar calculando la cotización de las acciones o el ritmo de cambio de un sector durante un período y comparándolo con a) un

Baja relativa anterior al precio: Wal-Mart
2002–04

4.5b

WAL-MART RELATIVO A S&P 500

Fuente: Thomson Financial

índice relevante y b) con otras acciones. Esto permite clasificar el desempeño de la cotización de las acciones de una empresa.

Medias móviles

Una media móvil es un método para homogeneizar los datos durante un determinado período de tiempo y sirve para definir la tendencia de un mercado. No existe un período mágico para una media móvil. El período utilizado debe ser proporcional al horizonte temporal del inversor. El ancho de la media móvil que brinda apoyo constante a un gráfico determinado variará levemente pero, en términos generales, el precio volverá para probar la media móvil en proporción a la duración del promedio que se ha utilizado. Por lo tanto, una media móvil de 25 días, por ejemplo, suele soportar las fluctuaciones durante un mes de manera bastante uniforme, mientras que es normal que una media móvil de 200 días se pruebe quizá una sola vez al año. Una transición de precios a través de una media móvil siempre señala un cambio en la tendencia.

La media móvil de 200 días establece la dirección de la tendencia primaria de un mercado. Una media móvil más corta, por ejemplo de 25 o 50 días, escogerá la segunda tendencia, que se movería en dirección opuesta. Como lo muestra la Figura 4.6, cuando se establece una tendencia. La media móvil de 200 días queda considerablemente atrás de la línea de precios y como resultado, a veces puede tardar en indicar un cambio en la tendencia.

LME a 3 meses de cobre con una media móvil de 200 días | **4.6**
Precio, 1990–2006

— Precio del cobre
— Media móvil de 200 días

Fuente: Thomson Financial

Una media móvil a corto plazo es mucho más sensible a los cambios de tendencia pero es vulnerable a ser "serruchado" hacia adentro y hacia afuera del mercado por la volatilidad de los precios a corto plazo. La aplicación de una media móvil de largo y corto plazo ayuda a superar algunos de los defectos involucrados en el uso de un solo promedio.

El cruce de una media móvil más corta con una más larga se puede utilizar para generar señales de compra y venta. Si ambos promedios están creciendo y la media a corto plazo rompe por encima de la media a largo plazo, se produce un "cruce dorado" que sugiere que el ánimo optimista está creciendo con más fuer-

Cruce dorado: media móvil de 90 y 200 días, Caterpillar
2004

Figura 4.7

Fuente: Thomson Financial

za (véase la Figura 4.7).

Por el contrario, toda transición que ocurre cuando ambos promedios variables están cayendo se denomina "cruce mortal" e indica un futuro en baja (véase la Figura 4.8).

Las medias móviles también se pueden utilizar para clasificar el momento de las empresas. Al calcular el cambio porcentual semanal de las medias móviles, se puede establecer un índice de crecimiento. La premisa básica es que cuanto más fuerte es el aumento, más atractiva se vuelve la acción, pero esta clasificación se puede especificar mediante otros indicadores.

Sobrecompra/sobreventa

Es probable que el mercado o las acciones individuales que suben rápidamente se sobrecompren. El momento en que las acciones se convierten en críticamente sobrecompradas (o sobrevendidas en un mercado en caída) varía según el sector y las condiciones generales del mercado.

No se aconseja utilizar el grado de sobrecompra de una acción como la única razón para vender todas las acciones o posición, pero puede servir como indicador para realizar un porcentaje de ganancias.

Existen dos formas de medir el grado de sobrecompra o sobreventa de un mercado. Una es la desviación por encima o por debajo de la media móvil a largo plazo. Las fluctuaciones de hasta 20% por encima o por debajo de la media móvil de 200 días son normales, pero las tendencias más fuertes tienden a consolidarse en el momento en que la desviación llega al menos a 30%. Habrá excepciones a estos límites pero brindan una medición útil del riesgo y resaltan las acciones o mercados que requieren una observación más de cerca para determinar si se perciben señales de consolidación importantes. Deshacer la posición de una situación de sobrecompra o sobreventa puede llevar el precio nuevamente a la media móvil de 200 días.

El índice RSI desarrollado por Welles Wilder, analista estadounidense, es otro indicador que mide hasta qué punto un mercado se considera sobrecomprado o sobrevendido. RSI significa Índice de Fuerza Relativa (*Relative Strength Index*) y no se lo debe confun-

Cómo analizar el mercado

Cruce mortal: media móvil de 90 y 200 días, General Motors
2005

Media móvil de 50 días
Media móvil de 200 días

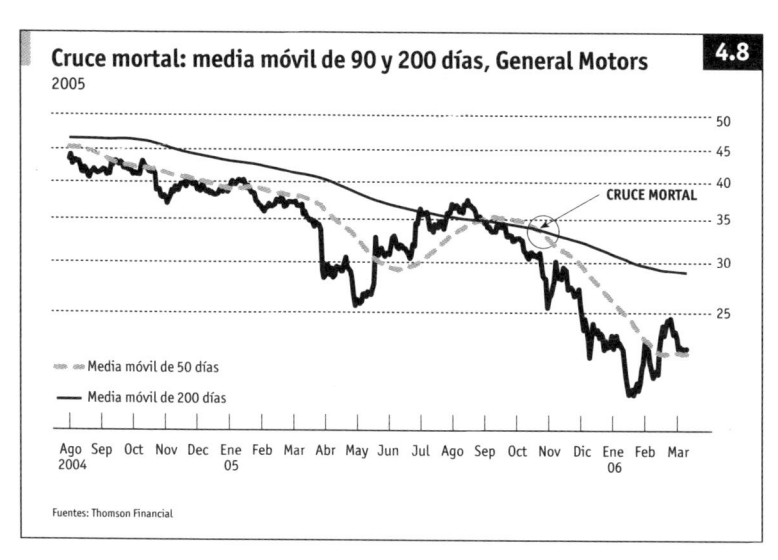

Fuentes: Thomson Financial

dir con la fuerza relativa comparada en el índice mencionado en las págs. 47-48. Se calcula tomando el aumento promedio del precio durante los días de suba sobre un período de tiempo (generalmente 14 días) dividido por la caída del precio promedio durante los días de baja. El índice va de 0 a 100. Una lectura de 70 o más sugiere que el mercado está ingresando en una zona de sobrecompra, mientras que un nivel de 30 o menos implica que se está sobrevendiendo. Cabe destacar que estos niveles no son absolutos (con frecuencia las acciones siguen subiendo por sobre el nivel 70 o siguen cayendo por debajo de 30, y es por esta razón que los indicadores de sobrecompra/sobreventa se deben utilizar como guía y no se debe confiar en ellos en busca de señales firmes de compra y venta.

Desviación de la media móvil de 200 días: Braemar Seascope
2004-05

Media móvil de 200 días

Fuente: Thomson Financial

RSI de sobrecompra: Starbucks
Noviembre de 2000 y Junio de 2001

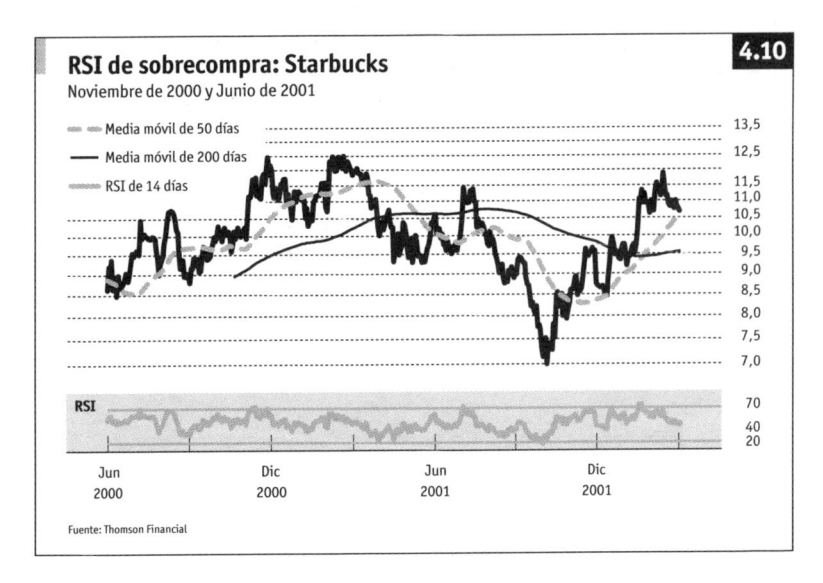

4.10

- Media móvil de 50 días
- Media móvil de 200 días
- RSI de 14 días

Fuente: Thomson Financial

RSI de sobreventa: Alcoa
Septiembre de 2005

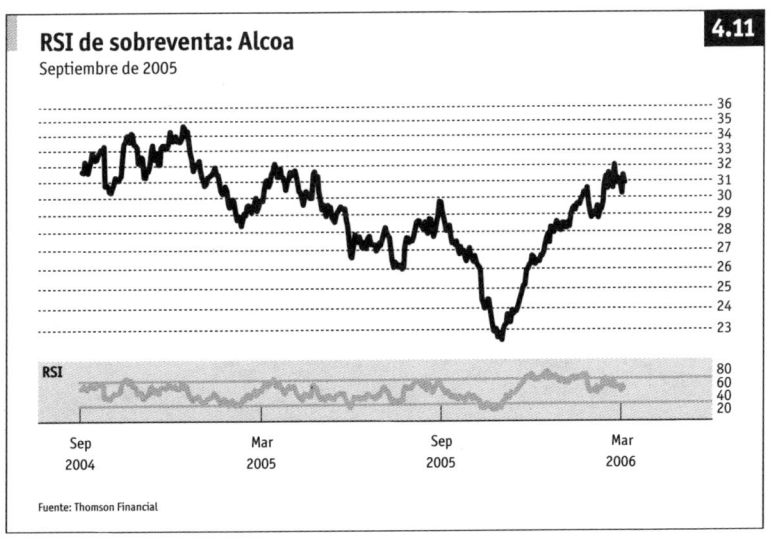

4.11

Fuente: Thomson Financial

Algunos analistas técnicos sostienen que las divergencias entre la cotización de las acciones y el RSI proporcionan un nivel de ajuste más fino que ayuda a mejorar la confianza de este indicador. Por ejemplo, una nueva suba en la cotización de las acciones que no está confirmada por una nueva suba en el RSI sugiere que el impulso ascendente está disminuyendo.

Soporte y resistencia

Una de las características más útiles y confiables del análisis técnico es destacar los niveles de soporte y resistencia. La gente tiende a enfocarse en ciertos niveles de precios, ya sea alrededor de números como U$S 1,70 o niveles en donde el mercado ha estado atrapado durante algún tiempo. Si un precio está subiendo y constantemente falla en superar cierto nivel, en términos técnicos, se dice que encuentra "resistencia". De forma similar, en un mercado en baja, un nivel en el que los compradores repetidamente ingresan y comienzan a comprar, deteniendo de esta forma la tendencia descendente, se conoce como "soporte". Idealmente, estos son los niveles en los que la gente apunta a comprar y vender. Los niveles de soporte y resistencia se determinan mediante diversos factores y en los lugares en donde estos factores se combinan, emergen áreas claras de acumulación y dispersión. En general, los niveles de soporte y resistencia son fáciles de identificar, como se puede observar en la cotización de precios de Tesco, un minorista multinacional (Figura 4.12).

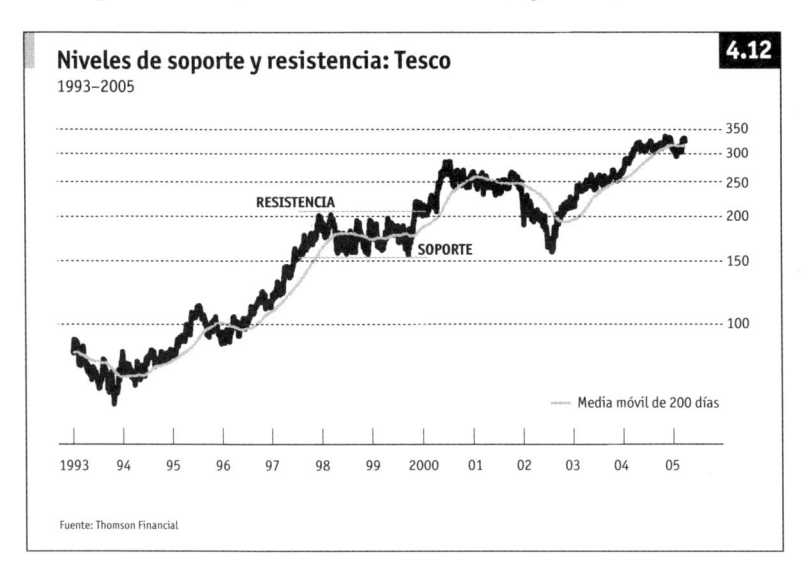

Niveles de soporte y resistencia: Tesco
1993–2005

Figura 4.12

Fuente: Thomson Financial

La resistencia se convierte en apoyo

El nivel que proporciona una resistencia importante durante una tendencia ascendente tiende a convertirse en un punto de soporte de cualquier alejamiento subsiguiente del precio de las acciones o del mercado. Nuevamente, éste es el resultado de las características del comportamiento del mercado. Cuando la cotización de las acciones en una tendencia ascendente encuentra resistencia, habrá varios inversores interesados en comprar pero que no han comprometido sus fondos hasta el momento. Cuando el precio llega finalmente al nivel de resistencia, algunos de estos inversores comprarán, pero inevitablemente un número de potenciales participantes no. Mientras el precio sigue subiendo, se sentirán frustrados al perderse una buena oportunidad de compra y deciden comprar estas acciones en la próxima baja del precio. Cuando el precio se aleja hacia el nivel de resistencia, ésta es la oportunidad que han estado esperando y comienzan a comprar.

Por el contrario, en una tendencia descendente, los inversores que compraron en un nivel de soporte comienzan a arrepentirse de sus inversiones ya que el precio comienza a bajar continuamente y buscan una oportunidad para vender su posición, en lo posible, con la mayor cantidad de sus inversiones intactas. Entonces ante cualquier recuperación subsiguiente que lleve el precio nuevamente al nivel de soporte en donde ellos compraron originariamente, ellos venden. Este nivel actúa como resistencia, bloqueando futuros progresos ascendentes.

Nuevas subas y bajas

La división en nuevos niveles en un mercado ascendente o descendente pueden ser importantes porque con frecuencia provocan un nuevo momento de compra o venta.

Desde una perspectiva psicológica, el desempeño de la bolsa de valores se parece al de un atleta que trata de superar su mejor tiempo o distancia. Una nueva marca personal genera una gran emoción y sentimientos positivos. Al cumplir con su objetivo, la mayoría de los atletas no se duermen en los laureles, sino que comienzan a mirar hacia el futuro en busca de un nuevo desafío u objetivo. Lo mismo sucede con los mercados. Cuando se excede una suba previa, los inversores comienzan a buscar el próximo objetivo. Cuando un atleta rompe un récord mundial, se convierte en noticia de primera plana. De la misma forma, cuando un mercado obtiene el récord de todos los tiempos, aquellos que no están interesados en los mercados financieros, de repente toman nota y hasta se sienten tentados a comprar acciones. Claramente, las tendencias a la suba no duran para siempre. El impulso positivo generado al alcanzar altas mayores sucesivamente comienza, poco a poco, a desvanecer en un mercado ascendente estancado. Los inversores son más precavidos y comienzan a obtener ganancias, hasta que finalmente el mercado da una vuelta (de la misma manera que el atleta maduro finalmente se retira).

También existe una razón técnica para saber por qué un movimiento a través de un techo previo indica un impulso de compra fuerte. En los picos del mercado, generalmente existe un aumento en la actividad de comercialización ya que algunos inversores obtienen sus ganancias mientras otros compran en el mercado por primera vez. No bien el precio comienza a bajar, los inversores disciplinados cortarán su posición, pero la evidencia sugiere que la mayoría de los inversores no son disciplinados. Se convencen de que lo que en un principio era una apuesta a corto plazo, en realidad es una inversión a largo plazo. Cuando el precio de las acciones finalmente vuelve hasta el pico en donde ellos compraron, estos "especuladores" están ansiosos por vender lo antes posible, lo que ha sido una inversión sin ganancias. En el acercamiento a un techo previo el volumen aumenta, por lo general, y los especuladores se apuran a vender sus tenencias accionarias. Entonces, con el fin de llegar a la presión de venta generada por los especuladores, una tendencia a subir debe poseer una cantidad de impulso de compra considerable detrás de ella.

Por ejemplo, un inversor que compró Reckitt Benckiser a 1,30 pesos en 1998 hubiera tenido la triste experiencia de ver cómo la cotización de la acción perdía más de la mitad de su valor durante los dos años subsiguientes (véase la Figura 4.13). No fue hasta el 2002 que la cotización de la acción se recuperó y regresó al nivel que tenía en 1998, y en tres ocasiones no pudo romper la barrera de 1,30 pesos. Una vez que superó los 1,30 pesos en 2003, generó fuertes impulsos de compra.

Nivel de resistencia: Reckitt Benckiser
1995-2002

4.13

Fuente: Thomson Financial

Niveles cuánticos de avance y retracción
El legado de W. D. Gann, un *trader*, a la teoría de las inversiones es tema de controversia aún entre los analistas técnicos. Sin embargo, existe un área de su trabajo, movimientos de los porcentajes, que parece estar correlacionada con la manera en que se comporta el mercado. Gann observó que el tamaño de cada onda del mercado tendía a conformar un porcentaje específico. Estos movimientos porcentuales se relacionan con la teoría de la onda de Elliott. Dentro de cada tendencia importante existirán correcciones hacia abajo (subolas de Elliott). Estas retracciones, por lo general, reducen la mitad o un tercio de la ganancia reciente, la cual pudo haber sido una repetición de una caída anterior más fuerte.

Lo racional de los movimientos cuánticos es que los mercados están dirigidos por humanos, que piensan en números enteros y fracciones sencillas. Tienden a marcar líneas y actúan dentro de estos límites fácilmente reconocidos. Los más comunes son 25%, 50% y 100%. Los inversores, por ejemplo, observarán con alegría cómo sus acciones suben hasta que un día se dan cuenta que han duplicado su valor, y en ese punto decidirán tomar algunas de sus ganancias.

En cualquier gráfico, la mitad del récord histórico es siempre un nivel importante. Un movimiento hacia un nivel inferior tiende a mantener la acción en depresión durante un período considerable. Si el gráfico es de un índice, un movimiento por debajo de la mitad del récord histórico sugiere que el mercado se encuentra en una tendencia secular bajista y se desarrollará a lo largo del mapa de ruta apropiado (como se describe en el Capítulo 2).

Índice S&P 500
1996–2006

4.14

Media móvil de 40 semanas

Caída del 50% desde el pico

retracción del 50% de la caída de 2000-2003

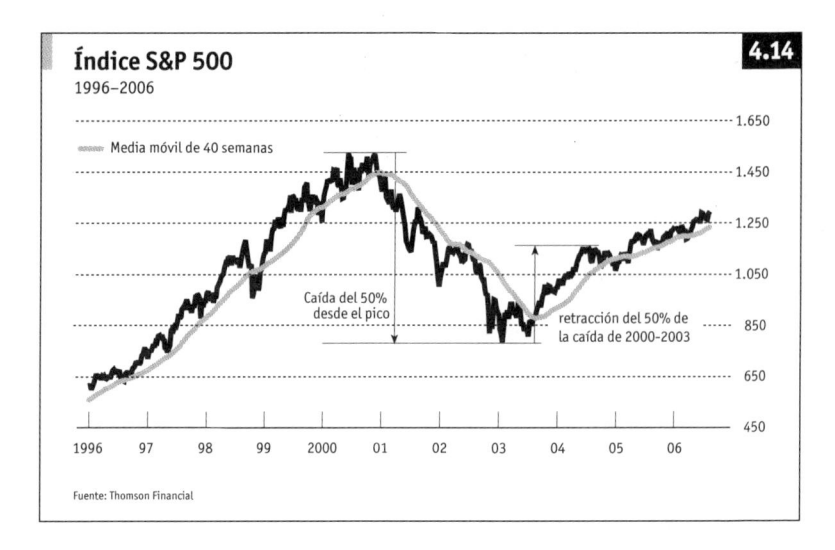

Fuente: Thomson Financial

Durante la crisis de 1987 y del mercado bajista de 2000, un gran número de acciones cayeron exactamente a la mitad. Luego de estas caídas, las recuperaciones subsiguientes encontraron resistencia con una consistencia sorprendente en niveles del 50% y 100% hacia arriba, desde sus puntos bajos.

También se ven movimientos de un tercio y dos tercios. En vez de un tercio y dos tercios, algunos analistas utilizan los niveles de Fibonacci de 61,8% y 38,2% (véase el recuadro).

Porcentajes de Fibonacci

Fibonacci fue el seudónimo de Leonardo Pisano, un matemático italiano del siglo XIII. En 1202 escribió *Liber Abaci* (Libro de cálculos) y uno de los problemas que investigó fue qué cantidad de conejos se producirían en un año si una persona comenzara con un par. Se establecieron algunos parámetros. Por ejemplo, que cada par siempre produciría un par, pero esencialmente la secuencia se desarrolló de la siguiente manera:

$$1,1,2,3,5,8,13,21,34,55,89,144$$

Dos relaciones interesantes emergen de esta secuencia:

- Luego del segundo término, cada número es la suma de los dos números precedentes, por ejemplo: 3 = 2+1, 5 = 3+2.
- Cuando se divide un número por su número precedente, la proporción se aproxima a 1,618 (cuanto más abajo de la serie se vaya, el número se acerca más a 1,618). Si se divide un número por el número que le sigue, la proporción se aproxima al recíproco de 1,618, que es 0,618.

A veces se refiere a ellas como las "ratios de oro". Cuando se aplican a la geometría, se pue-

Cómo analizar el mercado

den utilizar para producir un espiral logarítmico que comienza y finaliza en el infinito. El espiral de oro ocurre, frecuentemente, en las ciencias naturales. La forma en que las ramas de un árbol crecen alrededor del tronco y el patrón en las conchas de los caracoles, por ejemplo, ambos cumplen con el patrón del espiral de Fibonacci. Para mayor información sobre la secuencia de Fibonacci y su aplicación en la naturaleza consulte el libro de Tony Plumier *Forecasting the Financial Markets*. La relevancia de estas proporciones para los inversores es que los mercados financieros están dirigidos por humanos que sin pensar en ello, se identifican fácilmente con estos ratios naturales de oro. Las proporciones no son infalibles, pero es interesante con qué frecuencia el mercado se detiene luego de alcanzar estas proporciones de Fibonacci. Por ejemplo, en octubre de 2005 el índice 100 de FTSE alcanzó el nivel 5.500, que representó una fluctuación del 61,8% de la totalidad del movimiento de 1999 a 2003. Comenzó inmediatamente la toma de ganancias y no fue hasta casi tres meses después que el mercado alcanzó decididamente a romper este nivel.

Estos movimientos porcentuales, por supuesto, no son infalibles pero son lo suficientemente consistentes para los inversores como para tratar movimientos cuánticos de 38,2%, 50%, 61,8% y 100% con circunspección, especialmente si coinciden con otros factores conocidos de soporte o resistencia.

Volumen

El volumen de actividad comercial en un mercado proporciona una guía útil para saber qué importancia se le puede asignar a una señal de compra o venta. Cualquier señal en un gráfico es más fuerte si fue generada por un volumen alto. Un volumen en ascenso en un mercado cuya tendencia (un mercado que se está moviendo ya sea hacia arriba o hacia abajo, sin ir hacia los costados) sugiere que el ánimo alcista o bajista está recibiendo el apoyo activo de un número creciente de inversores. Una nueva alta que ocurre con volumen bajo o en descenso sugiere que el impulso comprador detrás de la tendencia a la suba está disminuyendo.

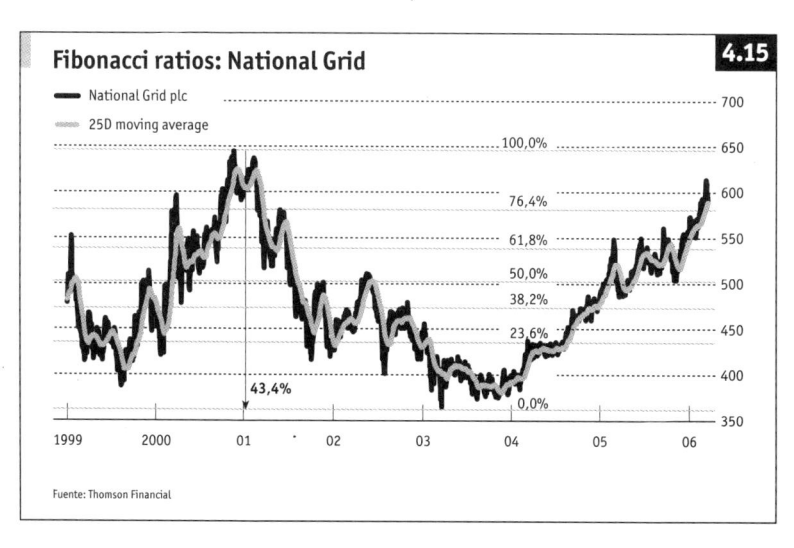

Fibonacci ratios: National Grid — 4.15

La tendencia del *trading* es levemente diferente en un mercado en ascenso que en un mercado en caída. En un mercado en ascenso, el volumen tiende a aumentar gradualmente cuando más y más gente comienza a invertir en el mercado hasta que la tendencia se convierte en insostenible y existe una sacudida en el pico, para que luego el *trading* descienda bruscamente. Un mercado en caída (especialmente en acciones individuales) no atrae el mismo aumento de volumen hasta que el índice de caída comienza a acelerar, momento en el cual el impulso de venta tiende a aumentar. La fase final de capitulación del mercado bajista, por lo general, se caracteriza por un aumento brusco en la actividad de *trading* cuando los inversores pierden la paciencia.

No se debe confiar exclusivamente en el volumen de *trading* para brindar señales firmes de compra y venta, sino que se lo debe tratar como un indicador de confirmación, particularmente, con respecto a los patrones de gráficos.

Patrones de gráficos
Para el observador desinformado, el análisis de los patrones, con su terminología a veces un tanto curiosa (cabeza y hombros y pisos dobles), puede parecer ser el punto en el que el análisis técnico pasa a ser un tanto excéntrico. Sin embargo, estos patrones son sólo una representación visual de la rama de la psicología conocida como comportamiento de masas. Además, la mayoría de los patrones gráficos representan una sección del patrón de onda de Elliott (véase la Figura 2.8 en la pág. 35).

Una de las doctrinas básicas del análisis técnico es que la historia se repite. En la mayoría de ámbitos de la vida ésta no es una afirmación contenciosa, pero algunos observadores la tratan con escepticismo cuando se aplica a los mercados financieros. La razón por la cual los analistas técnicos creen que la historia se repite es que los mercados están dirigidos por humanos que tienden a reaccionar de una manera similar ante determinadas circunstancias. El "amor propio" que Adam Smith identificó como la fuerza de conducción del sistema del mercado se manifiesta claramente en los mercados financieros. Los individuos temen perder dinero si tiran en la dirección opuesta. Además del efecto multitud, estos dos factores apuntalan el ánimo optimista y pesimista. Es la batalla entre los optimistas y pesimistas la que determina el precio. Como en una batalla militar, existen estrategias convencionales que se pueden emplear por ambos lados, a pesar de que haya ocasiones en donde la batalla no continúe con uno de estos patrones establecidos de la contienda. El análisis del gráfico, básicamente, trata sobre cuándo la lucha entre las alzas y bajas está siguiendo una línea de acción conocida.

Cuando un mercado hace una pausa durante una tendencia ascendente o descendente, inevitablemente existe un debate sobre si sólo está detenido para recuperar el aliento o si ésta es una pérdida más seria de impulso que presagia un cambio de tendencia. El patrón del gráfico, a veces puede proporcionar un indicador útil sobre cuál es probablemente el próximo movimiento.

Los patrones de gráficos se encuentran divididos en dos grandes categorías: aquellas que señalan un cambio importante en la tendencia previamente establecida y aquellas que señalan una continuación de la tendencia. Los siguientes ejemplos no son una lista exhaustiva de los patrones en cada categoría. Básicamente tienen el propósito de ilustrar cómo se reflejan en los gráficos los altibajos subyacentes en el momento de compra y venta.

Cómo analizar el mercado

Patrones de cambio de tendencia

Rara vez una tendencia se detiene abruptamente y se mueve con fuerza en la dirección opuesta. Un cambio de tendencia se caracteriza, generalmente, por un período de incertidumbre, cuando el impulso de compra o venta comienza a desaparecer y los inversores contrarios (un inversor contrario es uno que busca deliberadamente ir en contra de la tendencia prevaleciente del mercado) comienza con cautela a consignar fondos en dirección opuesta. Esta vacilación se refleja en los gráficos por un número de patrones diferentes. Con varios de estos patrones existe un nivel clave (generalmente, se lo llama "escote") que si se rompe, significa que los inversores contrarios han ganado la batalla interna entre las subas y bajas y que está en marcha un cambio importante de la tendencia. Si el precio cruza nuevamente a través de esta línea de demarcación, la indicación brindada por el patrón del gráfico es inválida.

Los patrones de cambio de tendencia son más eficaces cuando indican un cambio en la dirección primaria; por lo tanto, no ocurren frecuentemente. Los patrones más confiables con frecuencia llevan meses y hasta años en desarrollarse.

Cabeza y hombros. Quizás el patrón de inversión más conocido es el de cabeza y hombros, llamado así porque parece como si trazara la silueta de una cabeza y hombros humanos. Lo que es más importante, muestra un mercado que indica la sección media de la secuencia de onda de Elliott.

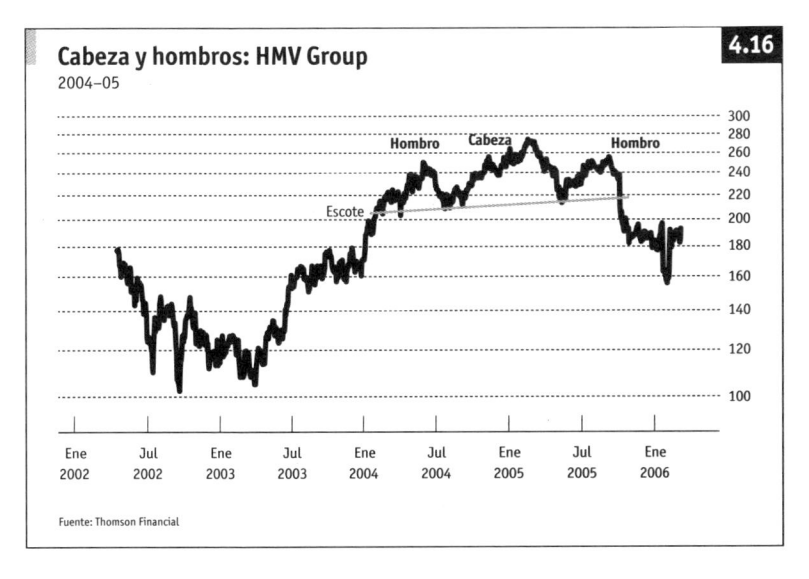

Cabeza y hombros: HMV Group
2004–05

4.16

Fuente: Thomson Financial

El "hombro" izquierdo del patrón se desarrolla cuando una tendencia estable a subir que ha estado vigente durante un tiempo comienza a vacilar. El precio retrocede a un nivel en donde se encuentra el buen soporte y los inversores que han perdido en el aumento hasta el momento, deciden beneficiarse de la baja del precio. Este momento de compra lleva al precio hacia una nueva alza (mostrado como el punto W en la Figura 2.9 en la pág. 36). Comienza la toma de ganancias y los compradores nuevamente se benefician de la baja del precio, pero en este momento la recuperación no logra alcanzar el pico previo y el momento de venta es tal que rompe, decisivamente, el nivel de soporte del escote. El precio objetivo inicial de la baja es la distancia desde el escote hasta el pico de la "cabeza" (véase la Figura 4.16). El patrón es negado si el precio nuevamente atraviesa hacia arriba el escote.

El volumen de trading debe caer mientras la cabeza y el segundo hombro se dibujan y luego se elevan fuertemente cuando se rompe el escote. A pesar de que esto no sucede siempre, se puede agregar mayor peso al patrón si se lo acompaña con un volumen en caída, particularmente, cuando se está formando el segundo hombro.

En un mercado bajista, un patrón de cabeza y hombros invertidos indica la parte inferior del mercado, con la altura de la "cabeza" indicando el precio objetivo en la suba (Figura 4.17).

Cabeza y hombros a la inversa: Amazon.com
2000–02

4.17

Fuente: Thomson Financial

Doble techo y doble piso. Un doble techo es una versión ligeramente acortada del patrón de cabeza y hombro. Luego de alcanzar un pico, el precio cae nuevamente hacia el nivel de soporte. Los compradores entran en este punto y llevan el precio a aumentar nuevamente, pero la recuperación no puede llegar al pico previo y comienza la toma de ganancias, llevando el precio por debajo del nivel de soporte previo. El precio objetivo se proyecta midiendo la distancia desde el escote hasta el pico. El volumen debe ser más liviano en el hombro de la mano derecha pero aumenta cuando el precio cae por debajo del escote.

Cómo analizar el mercado

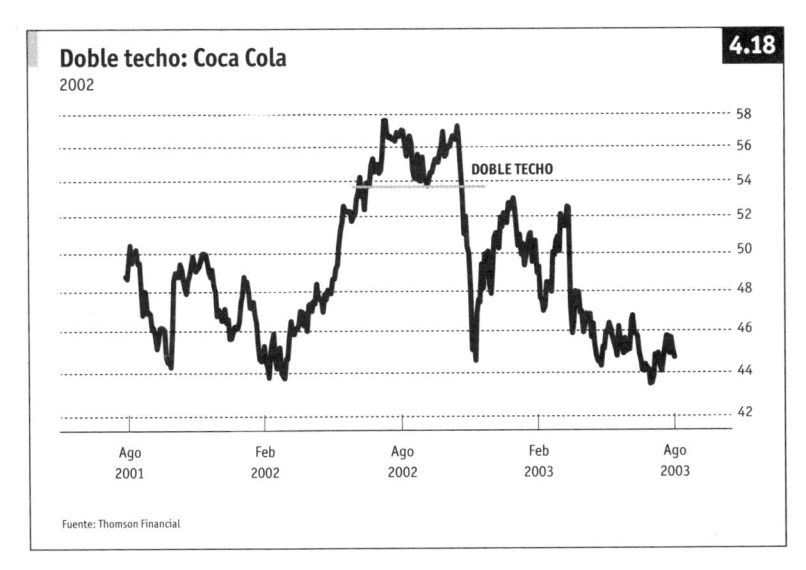

Doble techo: Coca Cola
2002

DOBLE TECHO

Ago 2001 — Feb 2002 — Ago 2002 — Feb 2003 — Ago 2003

Fuente: Thomson Financial

4.18

Doble piso: 3i Group
2002–03

Ene 2001 — Jul 2001 — Ene 2002 — Jul 2002 — Ene 2003 — Jul 2003 — Ene 2004 — Jul 2004 — Ene 2005 — Jul 2005 — Ene 2006

Fuente: Thomson Financial

4.19

Triple techo: AstraZeneca
2000–02

4.20

Fuente: Thomson Financial

Una imagen espejo del techo doble, por lo general, marca el punto bajo de una tendencia bajista. La psicología de un piso doble es similar a la del techo doble. Los inversores compran tentativamente en la baja y toman ganancias luego de una corta recuperación. La tendencia vendedora resultante lleva al precio nuevamente hacia la baja, donde las compras mucho más agresivas empujan al precio por encima del escote. Con este patrón, el volumen del trading debe aumentar en el segundo rally.

Techos triples. Es una variación del patrón de cabeza y hombros, pero no ocurre con mucha frecuencia. Esencialmente, la cabeza y ambos hombros llegan al pico en el mismo nivel. Nuevamente un piso triple inverso indica un cambio de la tendencia. Generalmente, el volumen disminuye en cada trayecto sucesivo hacia el pico.

Bases redondeadas o techos. Este es el patrón de inversión que no posee una línea de demarcación clara que indique cuándo los inversores contrarios se encuentran en aumento. El momento de compra o venta comienza a desvanecerse cuando los inversores que han estado persiguiendo la tendencia sienten que el precio se ha alejado lo suficiente pero los inversores contrarios no están lo suficientemente seguros como para consignar sus fondos en el mercado en la dirección opuesta. Por lo tanto, el gráfico dibuja un techo o piso redondeado (a veces llamado "plato"), que refleja un cambio mucho más gradual en los ánimos (Figura 4.21).

Patrones de continuidad

Aun en las tendencias alcistas o bajistas más fuertes existen pausas ocasionales en el momento de compra o venta cuando algunos inversores deciden que es el momento de tomar, por lo menos, un porcentaje de sus ganancias. Durante estas pausas el mercado puede moverse hacia los costados o moverse en la dirección opuesta a la tendencia principal. El movimiento en contra de la tendencia puede ser poderoso pero mientras no se extienda muy lejos, los inversores que han estado siguiendo la tendencia primaria mantendrán la ventaja.

Mientras los patrones de continuidad ocurran dentro de una tendencia prima-

Cómo analizar el mercado

Doble techo: Coca Cola
2002

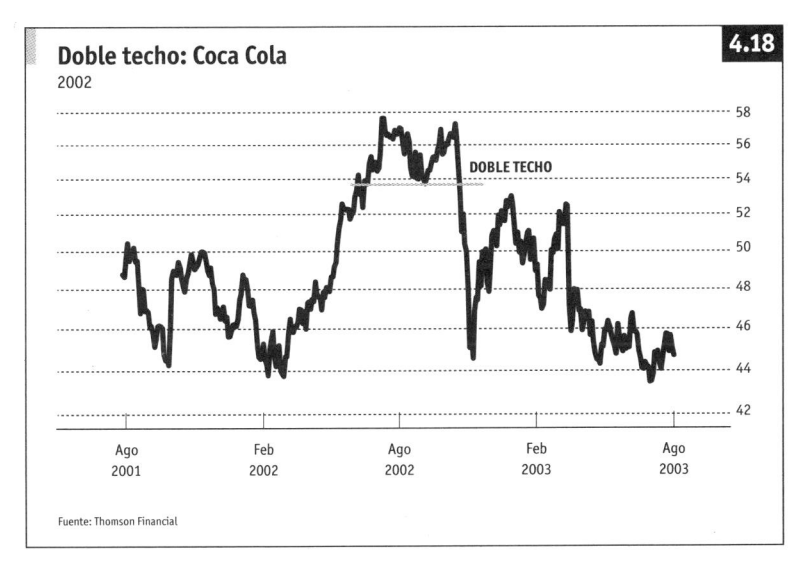

DOBLE TECHO

Fuente: Thomson Financial

4.18

Doble piso: 3i Group
2002–03

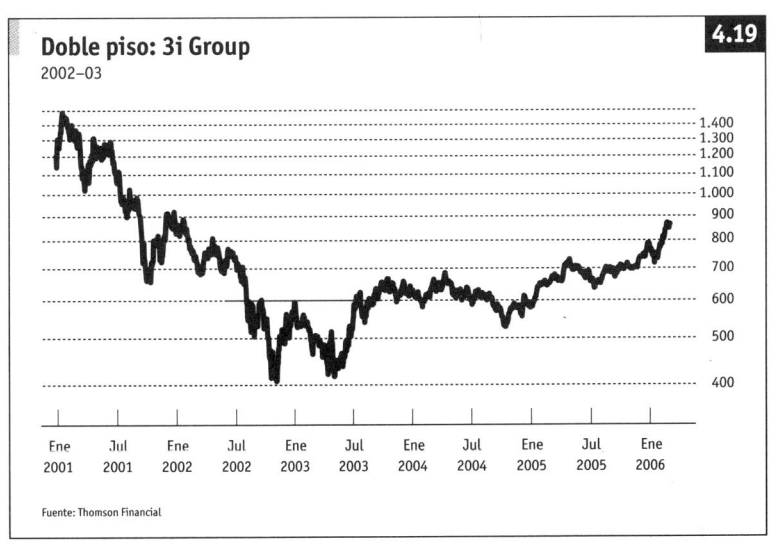

Fuente: Thomson Financial

4.19

Triple techo: AstraZeneca
2000-02
Figura 4.20

Fuente: Thomson Financial

Una imagen espejo del techo doble, por lo general, marca el punto bajo de una tendencia bajista. La psicología de un piso doble es similar a la del techo doble. Los inversores compran tentativamente en la baja y toman ganancias luego de una corta recuperación. La tendencia vendedora resultante lleva al precio nuevamente hacia la baja, donde las compras mucho más agresivas empujan al precio por encima del escote. Con este patrón, el volumen del trading debe aumentar en el segundo rally.

Techos triples. Es una variación del patrón de cabeza y hombros, pero no ocurre con mucha frecuencia. Esencialmente, la cabeza y ambos hombros llegan al pico en el mismo nivel. Nuevamente un piso triple inverso indica un cambio de la tendencia. Generalmente, el volumen disminuye en cada trayecto sucesivo hacia el pico.

Bases redondeadas o techos. Este es el patrón de inversión que no posee una línea de demarcación clara que indique cuándo los inversores contrarios se encuentran en aumento. El momento de compra o venta comienza a desvanecerse cuando los inversores que han estado persiguiendo la tendencia sienten que el precio se ha alejado lo suficiente pero los inversores contrarios no están lo suficientemente seguros como para consignar sus fondos en el mercado en la dirección opuesta. Por lo tanto, el gráfico dibuja un techo o piso redondeado (a veces llamado "plato"), que refleja un cambio mucho más gradual en los ánimos (Figura 4.21).

Patrones de continuidad

Aun en las tendencias alcistas o bajistas más fuertes existen pausas ocasionales en el momento de compra o venta cuando algunos inversores deciden que es el momento de tomar, por lo menos, un porcentaje de sus ganancias. Durante estas pausas el mercado puede moverse hacia los costados o moverse en la dirección opuesta a la tendencia principal. El movimiento en contra de la tendencia puede ser poderoso pero mientras no se extienda muy lejos, los inversores que han estado siguiendo la tendencia primaria mantendrán la ventaja.

Mientras los patrones de continuidad ocurran dentro de una tendencia prima-

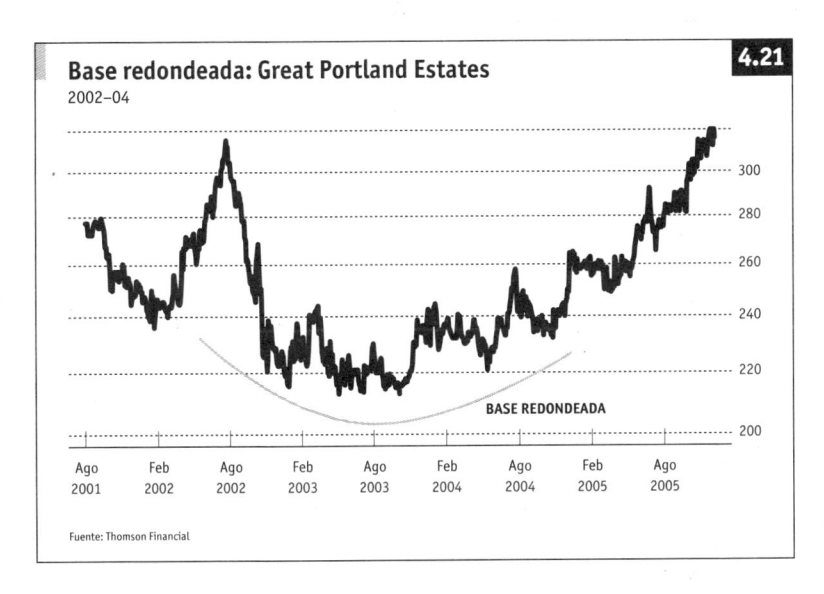

Base redondeada: Great Portland Estates
2002-04

4.21

BASE REDONDEADA

Fuente: Thomson Financial

ria, tienden a ocurrir durante un período más corto que los patrones de cambio de tendencia, lo que indica un cambio importante en la tendencia primaria.

Triángulos. Este patrón refleja la batalla entre los optimistas y los pesimistas que luchan en un terreno cada vez más angosto. Un lado debe haber establecido su supremacía en el momento en que las líneas de soporte y resistencia se encuentran en el vértice del triángulo. Por lo general, existe una ruptura en uno de los dos lados entre la línea media y los tres cuartos a lo largo del triángulo. Una vez que se pasa la marca de los tres cuartos, cuanto más cerca esté el precio del vértice, el patrón pierde confiabilidad. Al ocurrir una ruptura, el objetivo se proyecta midiendo la altura de la base del triángulo, como se muestra en la Figura 4.22 (en la siguiente página) desde el punto de la ruptura. A veces el triángulo es simétrico, cuando los niveles de soporte y resistencia convergen en el mismo índice.

Triángulo simétrico: George Wimpey
2005

TRIÁNGULO SIMÉTRICO

Fuente: Thomson Financial

Triángulo rectángulo: N. Brown Group
2000–02

TRIÁNGULO RECTÁNGULO

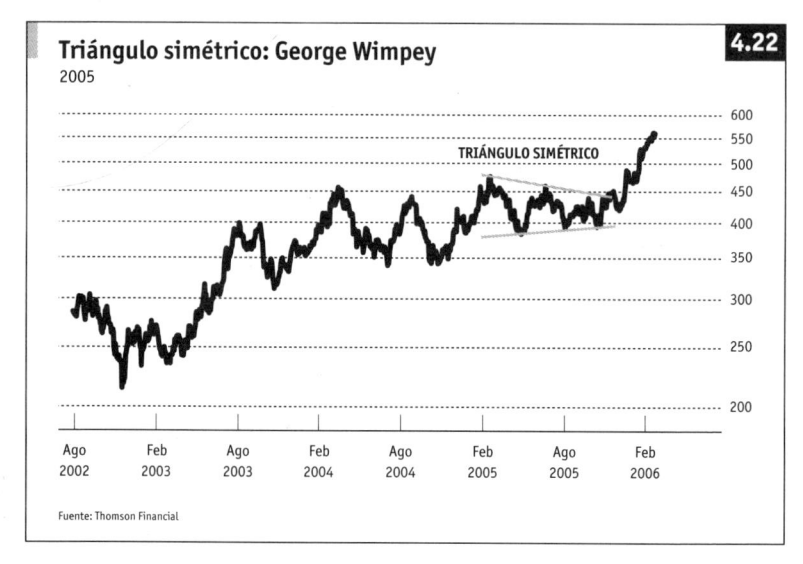

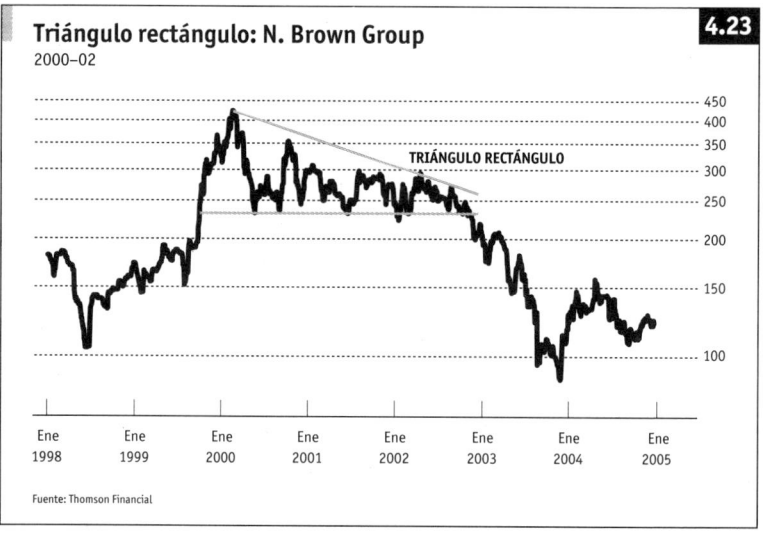

Fuente: Thomson Financial

Los triángulos ascendentes se forman cuando un mercado con tendencia a subir se encuentra con un techo de resistencia, mientras el nivel de soporte aumenta al ingresar los compradores en niveles sucesivamente más altos cada vez que el precio se corrige. Finalmente, los optimistas ganan ventaja y llegan al nivel de resistencia, y la tendencia a subir vuelve a comenzar (véase la Figura 4.24 en la página siguiente).

Los triángulos descendentes ocurren en tendencias a bajar y se resuelven, por lo general, por medio de una ruptura de la parte inferior (véase la Figura 4.25 en la pág. 66).

Rectángulos. Los rectángulos de consolidación ocurren cuando existe una pausa en un rally o en una tendencia bajista. El precio luego se consolida en un rango de trading bien definido, mientras que los sentimientos optimistas y pesimistas se corresponden de manera uniforme. Debe haber al menos tres puntos de contacto en las líneas de soporte horizontales y de resistencia para validar el patrón. Una ruptura del rectángulo indica la dirección de la próxima tendencia (que tiende a ser en la misma dirección que la anterior) y el objetivo del precio se obtiene midiendo la profundidad del rectángulo. Estos pueden ser patrones de largo plazo que, por lo general, toman meses o hasta más de un año para construirse (véase la Figura 4.26 en la pág. 66).

Banderas. Luego de un fuerte rally (o descenso) el mercado podría hacer una pausa para recuperar el aliento antes de volver a acelerar con rapidez. La consolidación horizontal luego del fuerte movimiento se asemeja a una bandera en la parte superior de un largo mástil (por eso el nombre). Estos son patrones de plazo corto y la duración máxima para la consolidación es de unas pocas semanas. Si la bandera dura más de cuatro semanas, no es probable que exista otro impulso fuerte, ya que este patrón generalmente ocurre en los mercados con movimientos rápidos. La segunda recuperación o baja se extiende, por lo general, en la misma distancia que el primer movimiento (véase la Figura 4.27 en la pág. 67).

Cómo escoger qué indicador utilizar

Al igual que un general medita sobre las diferentes estrategias militares en función del terreno y las condiciones prevalecientes, cuando se debe decidir qué herramientas técnicas se deben aplicar a un mercado en algún momento, el inversor necesita evaluar las condiciones de fondo. Por ejemplo, en un mercado que se encuentra paralizado por el furor de comprar, puede ser que los niveles de resistencia no tengan mucha importancia; mientras que en un período de trading llana cuando los volú-

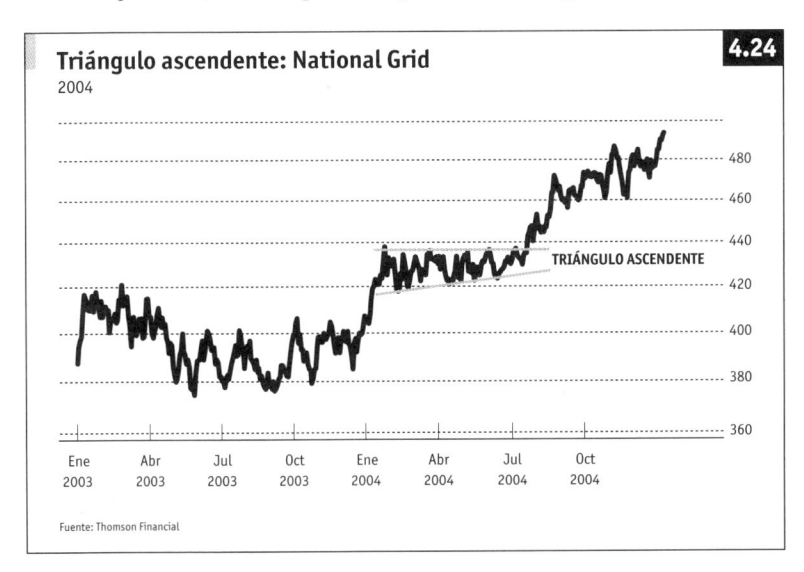

4.24 Triángulo ascendente: National Grid
2004

Fuente: Thomson Financial

menes están bajos, pueden actuar como barreras concretas, efectivamente bloqueando progresos ascendentes futuros.

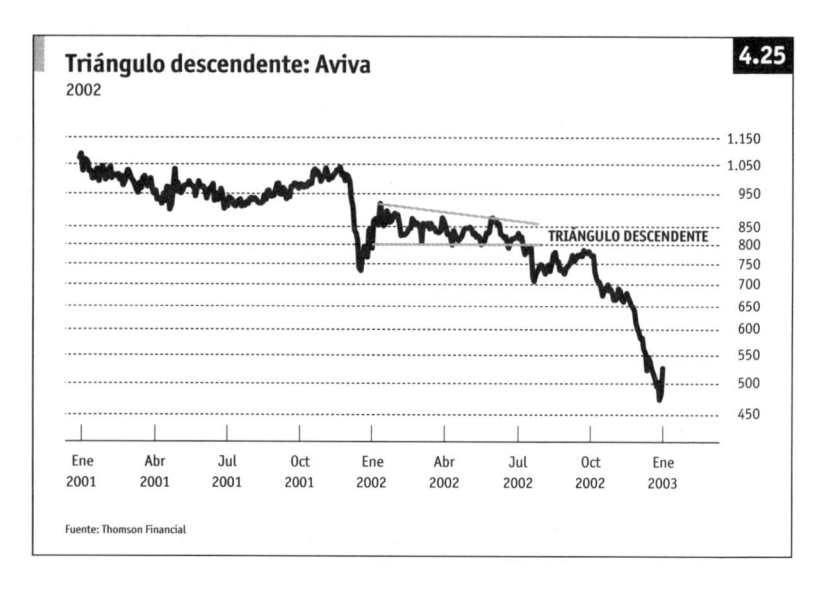

Triángulo descendente: Aviva
2002

4.25

Fuente: Thomson Financial

Rectángulo: esterlinas/yen
2004–05

4.26

Fuente: Thomson Financial

Bandera: Alliance & Leicester
2006

Fuente: Thomson Financial

4.27

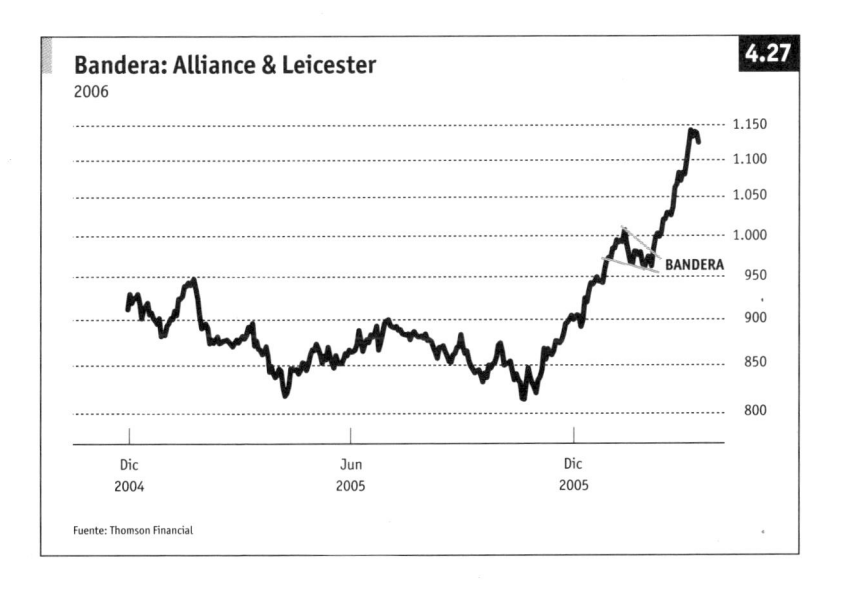

Bibliografía

Mandelbrot, B. B., *The (Mis) Behavior of Markets*, Profile Books, 2004.
Murphy, J. J., *Technical Analysis of the Future Markets*, New York Institute of Finance / Prentice-Hall, 1986.
Plummer, A., *Forecasting the Financial Markets*, Kogan Page, 1989.
Smith, A., *The Wealth of Nations*, Books I–III, Penguin Classics, 1986.
Prechter, R. R. Jr, *The Major Works of R. N. Elliott*, New Classics Library, 1980.

2

FACTORES CÍCLICOS A LARGO PLAZO

A lo largo de la historia, el factor más poderoso de crecimiento a largo plazo fue la industrialización. Muchos países han experimentado este rito económico de pasaje o se encuentran en el proceso de hacerlo. Entre los países que se encuentran en las etapas iniciales de esta transición económica, se incluyen: China, India, Brasil y Rusia. Cuando estas enormes economías alcancen al grupo G7 de economías industrializadas, es probable que impulsen fuertemente el crecimiento global. El Capítulo 5 brinda una visión general breve del gran potencial de los dos países más grandes que se "están desarrollando", China e India, y también algunos de los peligros que deben enfrentar.

Los patrones demográficos también ejercen una gran repercusión sobre el crecimiento económico a largo plazo. Los patrones demográficos relativos en los Estados Unidos, Asia y Europa se analizan en el Capítulo 6.

La innovación es la tercera fuerza responsable de impulsar la fase ascendente del ciclo económico a largo plazo. Varias industrias parecen estar en la cúspide de una nueva ola de innovación y tienden a generar un impulso ascendente hacia la economía mundial durante las próximas décadas. El capítulo 7 y el 8 se ocupan de dos áreas (energía y biotecnología) en donde la escala de cambio es tal que es probable que afecte la tendencia secular.

Algunos de los temas económicos que pueden llegar a tener un efecto significativo en el crecimiento mundial están interconectados. Por ejemplo, las materias primas necesarias para llevar a cabo el proceso de recuperación en los países en desarrollo, inevitablemente, aumentará la competencia mundial por los recursos naturales finitos. El ejemplo más visible de esto ha sido el aumento brusco en el precio del petróleo (véase la Figura P2.1 en la página siguiente). Inicialmente, la gran demanda de materias primas causa fricción porque los países luchan para asegurar suministros suficientes para su propio consumo interno. Pero, mirando al futuro, los precios altos estimularán la búsqueda de fuentes alternativas de energía.

El área de las Ciencias Biológicas es un ejemplo clásico de cómo un nuevo descubrimiento puede provocar una gran cantidad de innovaciones en campos relacionados. El Capítulo 8 trata sobre cómo la decodificación del genoma humano en febrero de 2000 inició un "efecto dominó" de nuevas tecnologías en la medicina y en la tecnología de la información.

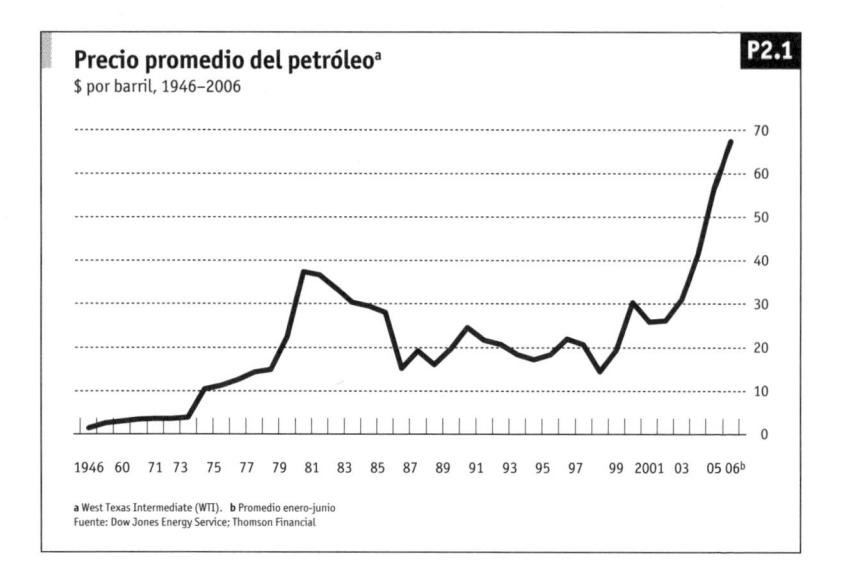

Precio promedio del petróleo[a]
$ por barril, 1946–2006

P2.1

a West Texas Intermediate (WTI). b Promedio enero-junio
Fuente: Dow Jones Energy Service; Thomson Financial

5. Recuperación económica

El proceso de industrialización por medio del cual un país deja en forma gradual de depender de la agricultura y su principal fuente de riqueza son los bienes manufacturados y servicios, es la estimulación más poderosa para el crecimiento económico. Esto fue evidente en Gran Bretaña, Francia y Alemania durante 1800, en los Estados Unidos un siglo más tarde y en Japón en la década de 1980. Muchas de las economías de los "Tigres" del este asiático ya se encuentran en camino hacia esta transición. Pero un gran número de grandes economías aún se encuentran en una etapa preliminar del proceso y será su industrialización la que llevará al ciclo a largo plazo hacia arriba en los años futuros.

China es la economía emergente que ha recibido la mayor atención, pero existen otros economistas que creen que India eventualmente demostrará ser un poder económico al mismo nivel y hasta más importante. América Latina (y Brasil, en particular) se encuentra demasiado lejos de alcanzar su máximo potencial económico, mientras que Rusia (a pesar de tener riquezas en recursos naturales y una gran masa territorial) ha quedado considerablemente atrás con respecto al resto de Europa en cuanto al Producto Bruto Interno (PBI) per cápita.

Tabla 5.1 **PBI per cápita, 2005**

	$
Estados Unidos	42.125
Reino Unido	36.690
Japón	35.824
Rusia	5.340
Brasil	4.370
China	1.700
India	733
Promedio de G7	37.670
Mundo	7.340

Fuente: Economist Intelligence Unit; Thomson Financial

Hay diferentes formas de medir el potencial de "desarrollo" de estos países emergentes, pero un criterio simple es observar el PBI per cápita.

En consecuencia, el potencial de desarrollo se define aquí como la diferencia entre el PBI per cápita de un país y el de la medición equivalente para los países industrializados del G7 promedio. Como se puede observar en la Tabla 5.1, existe actualmente una brecha considerable entre países como China e India y el promedio del G7. A medida que el proceso de industrialización gane impulso, la brecha se reducirá y este desarrollo tendrá una repercusión positiva en las tendencias económicas de más largo plazo. No es el propósito de este libro brindar un análisis detallado de las oportunidades y peligros potenciales que cada país debe enfrentar a medida que se encuentra con los desafíos de la revolución tecnológica y la globalización. Sin embargo, una visión general de los más grandes, China e India, demostrará la importancia de la próxima ola de industrialización para la economía mundial.

China

Durante años se ha considerado a China, en términos económicos, como el gigante adormecido. En la segunda mitad del siglo XX, Japón lideró un renacimiento económico de los países del Este Asiático, como por ejemplo Corea del Sur y Singapur, pero China tardó mucho más en unirse a este proceso. De hecho, en noviembre de 2003, Erkki Liikanen, en ese momento Comisionado Europeo para Empresas e Información, señaló que dos años antes "China no estaba en el mapa". La admisión de China a la Organización Mundial del Comercio (OMC) en diciembre de 2001, fue el catalizador para el crecimiento explosivo reciente del país en el comercio internacional.

Una de las razones de que la transición económica de China provocara tanta emoción es el tamaño de su mercado potencial. La población de China (aproximadamente 1.300 millones de habitantes) es casi cinco veces mayor que la de Estados Unidos. A pesar de que China no tuvo mucha repercusión en los mercados financieros hasta el comienzos del siglo XXI, de todos modos ha estado creciendo a un ritmo asombroso del 9,5% durante las dos últimas décadas. El crecimiento realmente comenzó a notarse en la década de 1980, cuando Deng Xiaoping inició el proceso de "apertura" del país en 1983.

El objetivo oficial es que el producto bruto interno se cuadruplique en las dos décadas desde 2001 a 2020, lo cual implica un índice de crecimiento compuesto de más de 7% por año. Las autoridades chinas pensaron que tratar de mantener ese rápido índice de crecimiento en una economía con administración centralizada sería logísticamente imposible, entonces se decidió que la economía se debía orientar más al mercado. No es fácil reorientar un sistema económico, y el gobierno chino decidió que no liberará las restricciones políticas hasta que la revolución económica haya producido beneficios tangibles (y no es para nada seguro que lo hagan aún en ese caso).

Además de alejarse de un sistema económico riguroso y de planeamiento centralizado, China está en el proceso de cambiar de una economía predominantemente agraria a una industrializada. Un desafío importante será la asimilación en la economía de los trabajadores despedidos por el proceso de industrialización. En 2004, el FMI estimó que existía un excedente de aproximadamente 160 millones de trabajadores en la economía rural y en las empresas pertenecientes al estado. El mercado laboral tendrá que absorber no sólo a estos trabajadores, sino también a los nuevos candidatos. Varios agricultores migrarán del campo a las ciudades, ya que la economía rural se vuelve más industrializada. Esta migración llevará a una tendencia secular ascendente a mediano plazo. En la actualidad existen importantes impedimentos para la movilidad del mercado laboral debido al sistema de registro de hogares. Los permisos de residencia se utilizan para asignar servicios educacionales y gubernamentales, y es difícil para la gente obtener estos servicios si se mudan de los lugares de residencia designados oficialmente. Sin embargo, las autoridades han indicado que están planeando simplificar alguna de estas restricciones con el fin de reducir el desempleo encubierto en las áreas rurales (el desempleo encubierto u oculto ocurre cuando los trabajadores no llegan a su máximo potencial económico). A más largo plazo, la demografía negativa como consecuencia de la política de "un niño por familia" y la proporción sesgada de niños en comparación con las niñas inclinará la tendencia secular bruscamente hacia abajo. Salvo por la próxima década, es probable que el efecto positivo de la urbanización supere la tendencia demográfica negativa.

Problemas económicos
Semejante transición está destinada a enfrentar dificultades. Una de las áreas problemáticas es el sector bancario. En el pasado, los comités del Partido Comunista han tenido un papel importante en el funcionamiento de los bancos. En vez de basar las decisiones de inversiones en criterios comerciales, los préstamos se realizaban a empresas o individuos que cumplían con los requisitos de una lista de comprobación oficial. Los sectores o industrias que el gobierno quiere promover reciben préstamos subsidiados. La ausencia de un mercado para que cotice el capital provoca una asignación ineficaz. Además, el crecimiento dinámico basado en la exportación de China trae como consecuencia un aumento en la cantidad de dinero en el sistema financiero que los bancos pueden invertir rentablemente, por lo cual no ha existido presión de racionamiento para discriminar entre inversiones buenas y malas.

El estado rudimentario de la bolsa de valores y el mercado de bonos corporativos restringe las opciones de financiación disponibles para las empresas que quieren aumentar su capital. Como resultado, los negocios chinos dependen enormemente de los bancos para su financiación. En 2003, los préstamos realizados por instituciones financieras equivalían a tres billones de Rmb (26% del PBI), comparado con los 136 mil millones de Rmb de la bolsa de valores (1% del PBI) y los 36 mil millones de Rmb (0,3% del PBI) en forma de bonos corporativos.

El gobierno está tomando medidas para recapitalizar el sistema bancario estatal. La apertura de los mercados bancarios y de seguros de China en 2007 conforme a los términos acordados con la OMC agregará una cuota de urgencia al proceso de reforma. Pero la falta de sofisticación de los sistemas bancarios provoca dudas sobre su capacidad para apuntalar el futuro desempeño económico.

Para un país en desarrollo, el nivel de ahorro doméstico es inusualmente alto. Con un solo hijo por familia, la gente no puede confiar en que la próxima generación los cuidará cuando sean ancianos y el sistema de pensión pública sólo cubre, actualmente, al 14% de la población. Por lo tanto, no existe la necesidad de financiación extranjera para reforzar los ahorros domésticos. Sin embargo, atraídos por el tamaño potencial de los incentivos del mercado y del gobierno, existe una entrada sustancial de inversión extranjera en la economía china. A principios de los 90, la Inversión Extranjera Directa (IED) alcanzaba el 6% del PBI de China y desde 2000 cayó al 3,5%. Más importante que el capital propiamente dicho fue la productividad mejorada como resultado de la capacidad de gestión y la tecnología que se han incorporado a la economía por medio del IED.

Bolsa de valores socialista con características chinas
Las bolsas de valores de China (localizadas en Shangai y Shenzhen) lidian con la contradicción inherente de la tenencia accionaria en un país que en el pasado no ha reconocido derechos de propiedad. Las empresas cuyo único objetivo previamente era alcanzar la cuota de producción determinada por una agencia central del gobierno ahora se deben acostumbrar al concepto de maximizar el valor de los accionistas. Otra complicación es la retención del estado de la compra de acciones mayoritarias en las empresas cotizantes. Los arquitectos pragmáticos de la "economía socialista de mercado" de China han podido encontrar su camino a través de este desafío filosófico mediante el desarrollo de un sistema de contabilidad extremadamente compli-

cado y basado en reglas que está reforzado por una estructura legal igualmente compleja de categorías de acciones y leyes corporativas. Pero el cambio está en el ambiente y el gobierno ha prometido modernizar y simplificar la ley relacionada con las empresas y la quiebra.

La tenencia estatal de casi dos tercios de las acciones (por el gobierno central o regional) pone en tela de juicio las bolsas de valores de China. Además, la tenencia mayoritaria del gobierno de acciones no comercializables evita que las fuerzas del mercado de "destrucción creativa" reasignen los recursos de empresas ineficaces en las más productivas. Sin embargo, el gobierno está buscando la forma de mover estas acciones no comercializables hacia manos privadas. Habiendo aprendido de su experiencia en junio de 2001, cuando la propuesta de un Consejo de Estado para que una proporción de los gastos futuros se financiara a través de la venta de acciones estatales precipitó un colapso en las bolsas de valores, el gobierno intenta minimizar los efectos dañinos de esta transición.

Desarrollando un entorno más orientado hacia el mercado
No es sólo la bolsa de valores la que no es adecuada para manejar la demanda de una economía del tamaño de la de China: el movimiento hacia un entorno económico basado en el mercado debe estar reforzado mediante instituciones y reglamentaciones que no fueron necesarias bajo sistemas previos controlados centralmente pero que son esenciales para asegurar el funcionamiento sin problemas de cualquier mercado.

La asignación ineficaz de recursos está creando cuellos de botella en algunas áreas de la economía y exceso de capacidad en otras. Por ejemplo, la proliferación de las estaciones de energía nuclear a fines de la década del 90 llevó a un exceso de energía, pero la capacidad excesiva luego fue absorbida por la siguiente ola de industrialización, hasta que las empresas tuvieron que enfrentar otra racionalización de energía a comienzos del 2000. Para cumplir con la creciente demanda de energía, las autoridades han inaugurado más plantas de energía, pero un viceministro de la Comisión Nacional de Desarrollo y Reforma predijo que probablemente esto resulte en una considerable sobrecapacidad en 2006 y 2007.**

A pesar de que la economía se ha vuelto más orientada hacia el mercado, la transición no ha ido más allá de permitir la posesión privada de la tierra. El estado otorga a los granjeros, por ejemplo, un arrendamiento durante 30 años que se puede rescindir sin ningún derecho a apelar si el comité de la localidad aprueba la reasignación de la tierra para uso industrial. La reapropiación obligatoria de la tierra para granjas alrededor de la ciudad para el desarrollo está provocando malestar, lo que a veces se convierten en disturbios serios. La falta de un sistema legal independiente y sofisticado es un obstáculo serio para el desarrollo económico. La presión internacional para hacer cumplir los derechos de propiedad intelectual con mayor rigurosidad será difícil de satisfacer bajo el presente sistema judicial local. Pero el establecimiento de un sistema judicial independiente significaría la creación de una autoridad que pudiera operar desde afuera de los límites del Partido Comunista.

El desempleo es otro problema potencial. Actualmente, se estima que ronda el 5%. De acuerdo con el censo de 2000, más del 60% de la población aún vive en áreas rurales en donde existe una cantidad considerable de desempleo encubierto. Como la agricultura se vuelve más eficaz por la gran mecanización, el desempleo aumenta, incitando a la migración desde las áreas rurales a las áreas urbanas, las cuales poseen dificultades para asimilar los aumentos repentinos de población.

Cómo analizar el mercado

Problemas políticos

Aparte de los problemas económicos que enfrenta una sociedad en las transiciones, China también debe negociar para encontrar la solución ante las cuestiones políticas nacionales e internacionales. China no es una democracia. Existe una potencial contradicción al permitir un gran liberalismo económico mientras mantiene una estructura política basada en el comunismo. La gente que ha contribuido al auge económico del país se resiente considerablemente porque no le dan participación política. La migración desde el campo a los pueblos y ciudades probará los límites del tejido social del país. Las protestas contra la caída de los estándares de vida por parte de los trabajadores rurales y la contaminación de los ríos y pozos (quejas comunes para un país en proceso de industrialización) están creciendo.

Externamente, el problema eterno de Taiwán y las relaciones hostiles con Japón ocasionalmente producen amenazas por parte del gobierno chino. Si uno de estos episodios desatara un conflicto militar, obviamente, tendría implicaciones adversas ya que China pasaría a convertirse en una superpotencia. Una amenaza más inmediata es la fricción que ha generado en otros países, particularmente en los Estados Unidos, el surgimiento de China para "convertirse en taller mundial". A pesar de que la balanza comercial de China con el resto del mundo reveló un superávit neto de U$S 25.000 millones en 2003, su superávit comercial con los Estados Unidos fue de U$S 55.000 millones, y esto está aumentando mucho. El superávit total relativamente pequeño de China se produce porque posee un gran déficit con Japón y sus otros socios comerciales asiáticos. Estados Unidos ya impuso una cuota comercial y tarifas en algunas importaciones chinas y como las exportaciones equivalen a aproximadamente el 40% de la economía china, cualquier acción que frene este sector cortaría bruscamente el crecimiento general.

La energía es otra área de conflicto potencial con los Estados Unidos, tanto directa como indirectamente. La Agencia Internacional de Energía predice que para el 2020 China importará aproximadamente la misma cantidad de petróleo que los Estados Unidos: 10 millones de barriles por día. Para asegurar el suministro para cumplir con esta demanda, China ha estado tratando de invertir en empresas extranjeras de petróleo y ha intentado firmar contratos a largo plazo con países productores. Pero en 2005, la Corporación Nacional de Petróleo de China (CNOOC) fue forzada, por oposición política del Congreso, a retirar su oferta pública de adquisición de la empresa de petróleo estadounidense *Unocal*. La construcción de una relación estratégica con países como Irán, Sudán y Venezuela también ha molestado a los Estados Unidos. Pero por deferencia al apoyo de China en la guerra contra el terrorismo, las autoridades de los Estados Unidos han expresado sólo una desaprobación moderada hasta el momento.

India

Es la otra economía gigante que se encuentra en pleno proceso de industrialización, a pesar de que se encuentra bastante detrás de China en términos de impulso económico. Durante los últimos 20 años, la economía china ha crecido a un ritmo promedio de 9,5% por año, mientras que India ha luchado por mantener un ritmo de crecimiento del 6%. Sin embargo, algunos economistas creen que el desarrollo de China e India probará ser el equivalente económico de la carrera entre la liebre y la tortuga.

La diferencia fundamental entre los dos países es que India es una democracia. Por lo tanto, no existen contradicciones inherentes para operar una economía de mercado dentro del marco político de un partido, pero las divisiones lingüísticas y religiosas de India siempre resultan en gobiernos de coalición débiles que no tienen el poder para implementar las reformas radicales necesarias. Las políticas federales agregan otra cuota de ineficacia y corrupción en el proceso de toma de decisiones.

La otra gran ventaja de India es su dominio del inglés (la *lengua franca* de la globalización) entre las personas que han recibido educación. Sin embargo, la educación no es universal y en el año 2000, el 35% de la población era analfabeta (comparado con sólo el 9% en China).

Estrategia económica luego de la independencia

Luego de la independencia, el gobierno indio estaba muy deseoso de quitarse de encima el vitelo del colonialismo. De esta forma, con una gran influencia del modelo económico de la Unión Soviética, el principal objetivo de su política económica era la sustitución de importaciones. Y al igual que la Unión Soviética, se elaboraron una serie de planes de cinco años. Bajo la dirección de este sistema de planificación centralizada, el énfasis residía en una industria fuerte y de capital intensivo. Para proteger estas industrias nacientes se impusieron altas tarifas de comercialización. Se permitió el desarrollo del sector privado, pero fue rodeada por una compleja red de controles y licencias para asegurarse de que la inversión se dirigiera a los sectores "correctos" de la economía. Para crear la capacidad de gestión, se tomó la decisión de colocar todo el énfasis en la educación del sector terciario. La estrategia económica no sacó provecho de las fortalezas de la India (abundancia de mano de obra), ni tuvo en cuenta sus debilidades (poco capital) con el resultado que el país fue condenado a años de crecimiento relativamente débil.

Las razones del comienzo lento de la India

A fines de la década del 80, se introdujeron algunas reformas económicas, pero el desarrollo económico de la India comenzó en 1991 cuando Manmohan Singh, en este entonces ministro financiero y luego primer ministro, anunció un paquete de reformas que catapultó la economía sacándola del lento ritmo de crecimiento del 4% que había prevalecido durante la mayor parte del período de posguerra y la llevó a una fase más dinámica. El paquete incluía la liberalización del comercio, la eliminación de controles de capital y licencias industriales y un reenfoque general de la política económica más orientada al mercado.

Pero el legado de la era anterior permanece: una de las razones por las que la India no ha seguido el patrón de desarrollo adoptado por la mayoría de los países asiáticos de enfocarse en el crecimiento de la fabricación de bienes exportables.

Las tasas comerciales permanecen altas a pesar de las reformas. Las tasas promedio (22%) eran el doble de las de otras economías emergentes de Asia y mantuvieron a India en una economía relativamente cerrada. Por lo tanto, no ha participado en la economía mundial de la misma manera que lo hizo China. La India representa el 2,5% del comercio mundial de bienes y servicios, comparado con China que ocupa el 10,5%. El gobierno actual dirigido por Manmohan Singh está comprometido hacia una futura liberalización. El FMI estima que para el 2009 o 2010 el nivel de las exportaciones ascenderá a más del doble respecto de los años 2004 y 2005, y las importaciones se triplicarán.

Otro factor que ha entorpecido el desarrollo de la India es la deplorable e inadecuada infraestructura del país. Malas rutas, puertos bloqueados y suministros irregulares de electricidad y agua, dificultan gravemente la transición hacia una economía más industrial. El alcance de las mejoras financieras del gobierno para la infraestructura está limitado por el tamaño del déficit fiscal, pero el gobierno está buscando asociarse con entidades públicas y privadas como una posibilidad de mejorar los servicios públicos.

Al enfocarse en el desarrollo de las industrias de servicios, India en alguna medida eludió el obstáculo más importante de su infraestructura para mejorar el desempeño de su crecimiento. La falta de una red de transporte eficaz no es tan problemática para los negocios como los servicios de atención al cliente, procesadores de datos y desarrollo del software para la industria pesada. Pero estas industrias emplean sólo una pequeña proporción de la fuerza de trabajo. De esta forma, para tapar el gran banco de mano de obra desempleada, se deberá desarrollar una base de fabricación con mayor cantidad de mano de obra. De acuerdo con un documento de trabajo del FMI, *India's Pattern of Development: What Happened, What Follows?*, en vez de aumentar la proporción de industrias manufactureras, "India está cambiando de dirección y alejándose de las industrias con mano de obra intensiva".

La burocracia de India, particularmente en relación con las leyes laborales, ha creado un entorno de inversión desfavorable. Esta es una de las razones, según expresa Angus Maddison, autor de *The World Economy: A Millennial Perspective*, por la cual la IED (Inversión Extranjera Directa) de 1998 per cápita fue de sólo U$S 14 en India comparado con U$S 183 en China. Incluso en 2004 India recibió sólo una décima parte del IED de U$S 60.000 millones que se le dio a China. Pero existen señales de cambio en la actitud por parte del gobierno de la India y de los inversores. La creación de zonas económicas especiales ha alentado a las empresas como Microsoft a aumentar sus inversiones en el país, y la inversión hacia el interior de India ha estado creciendo de manera estable en los últimos años.

La concentración en servicios que requieren gran capacidad ha creado una escasez de mano de obra especializada. De acuerdo con Mercer, consultora en recursos humanos, los salarios de la India están creciendo el 12,8% ante un índice de inflación de 5,5%. La falta de personal capacitado muestra la estrecha base de educación. A pesar de que India posee excelentes instituciones de enseñanza superior, en el año 2000, más de un tercio de la población era analfabeta.

El hecho de que la tortuga india alcance y pase a la liebre china depende de dos cosas:

- ❖ Hasta qué punto el gobierno indio puede afrontar la barreras locales que frenan el crecimiento (infraestructura inadecuada, burocracia, restricción para la importación, nivel bajo de ahorros y acceso restringido a la educación);
- ❖ Dónde se marca la línea de llegada.

Las tendencias demográficas indican que de acuerdo con el informe de población de la ONU, en 2030 la población de India superará a la de China, aunque el desafío inmediato para el gobierno indio es la absorción de la fuerza laboral actualmente disponible en la economía productiva.

La recuperación económica se encuentra en un camino imparable
Por razones diferentes, la transición de China e India hacia economías industrializa-

das no será fácil, pero el proceso ya no se puede detener. Sus trayectorias de crecimiento se pueden parecer por momentos a una montaña rusa con algunas pendientes difíciles en zigzag. Pero la tendencia subyacente será, sin embargo, ascendente.

Bibliografía
Desai, M., *India and China: An Essay in Comparative Political Economy*, IMF Paper for IMF Conference on India/China, Delhi, 2003.
Foreign Direct Investment in China: Some Lessons for Other Countries, IMF Discussion Paper PDP/02/3, International Monetary Fund, Washington, DC, Febrero de 2002.
IMF Country Report, N° 04/351, International Monetary Fund, Washington, DC, 2002.
IMF Economic Outlook, International Monetary Fund, Washington, DC, Septiembre de 2005.
Kochhar, K., Kumar, U., Rajan, R., Subramanian, A. y Tokatlidis, I., *India's Pattern of Development: What Happened, What Follows?*, IMF Working Paper WP/06/22, 2005.
Maddison, A., *Chinese Economic Performance in the Long Run*, Development Centre of the Organisation for Economic Cooperation and Development, Paris, 1998.
OECD *Economic Surveys*, vol. 2005/13, China, OECD Publishing, Septiembre de 2005.
O'Neill, J., Lawson, S., Wilson, D., Purushothaman, R., Buchanan, M. and Lord Griffiths of Forestfach, *Growth and Development: The Path to 2050*, Goldman Sachs, 2003.
Prasard, E. (ed.), *China's Growth and Integration into the World Economy; Prospects and Challenges*, IMF Occasional Paper 232, Washington, DC, 2004.
Tseng, W. and Zebregs, H., *Foreign Direct Investment in China: Some Lessons for Other Countries*, IMF Policy Discussion Paper PDP/02/3, 2002.
Walter, C. E. and Howie, F., *Privatising China: the stock markets and their role in corporate reform*, Wiley (Asia), 2003.

* N. del E.: En Diciembre de 2006 el mercado bancario chino tuvo un momento histórico al abrirse a la competencia extranjera, conforme a un acuerdo con la Organización Mundial de Comercio (OMC). Actualmente, los bancos extranjeros pueden operar el RMB y reciben similar tratamiento que los bancos nacionales. La normas directrices de la apertura han decepcionado a algunos miembros del sector financiero que las consideran insuficientes. Por ejemplo, no permiten que las firmas extranjeras controlen el 100% de sus operaciones locales; limitan el tipo de actividad financiera y desarrollo de un mercado de derivados y requieren elevados niveles de capitales mínimos.
** N. del E.: Este pronóstico no se cumplió, ya que China sigue necesitando más energía para sostener su crecimiento

6. Tendencias demográficas

El proceso de industrialización promueve cambios demográficos dentro de una sociedad. Las sociedades preindustrializadas, se caracterizan por altas tasas de natalidad y mortalidad, pero a medida que un país se industrializa ambas tasas tienden a caer en forma sustancial.

Los cambios demográficos poseen un poderoso efecto en el crecimiento económico. Sin embargo, no es la cantidad de población lo que influye en el crecimiento, sino más bien su edad. Según un estudio realizado por el FMI, existe una correlación positiva entre el crecimiento del PBI per cápita y la edad de su población trabajadora (15-64).

Una extensa fuerza trabajadora activa no sólo refuerza la capacidad productiva, sino que también genera un alto nivel de ahorros que estimula la inversión y por lo tanto mejora la producción. Más aún, existe una correlación negativa entre la cantidad de personas de la tercera edad (de 65 años o más) de la población y la tasa de crecimiento del ingreso per cápita.

En las sociedades preindustriales, la mayoría de los individuos son cazadores-recolectores o agricultores. La tasa de mortalidad infantil es alta. Hace tan solo 150 años, la expectativa de vida en el mundo occidental era de escasos 45 años. Tener una gran cantidad de hijos consistía, en realidad, en un "plan jubilatorio", y aún hoy, en muchos países pobres donde es normal que una mujer saludable tenga entre seis y siete niños y pierda algunos al nacer o durante su infancia, continúa la presunción de que los hijos mantendrán a sus padres durante su vejez. En las sociedades agrarias, si la tasa de nacimiento es tal que el país no posee suficientes alimentos para su gente, la consiguiente hambruna reduce la cantidad de población. Como resultado, hasta el siglo XX, la población mundial creció muy lentamente. La industrialización determinó el inicio del crecimiento de la cantidad de población. No obstante, incluso en aquel momento, la tasa de crecimiento anual de la población mundial permaneció en un 0,5% entre el siglo XVIII y XX. No fue hasta la segunda mitad del siglo XX que la tasa comenzó a acelerarse en forma significativa, alcanzando un pico del 2% entre 1965 y 1970. Desde ese momento ha ido disminuyendo y hoy se estima en un 1,2% anual.

La figura tradicional que ilustra la estructura etaria de una sociedad consiste en una pirámide, cuya base está formada por una vasta población joven. Se produce una disminución gradual de la población de mayor edad hasta llegar a la cima de la pirámide, donde se encuentra una pequeña cantidad de ancianos. Sin embargo, como resultado de los cambios significativos en las tendencias demográficas, esta forma piramidal está convirtiéndose en forma gradual y en algunos países se está invirtiendo. Se trata de un fenómeno global, pero cada región del mundo se encuentra en una etapa diferente del proceso de transición. Japón y Europa, donde el crecimiento de la población es casi nulo, se encuentran a la vanguardia de este cambio demográfico, mientras que el Medio Oriente y algunos países de Asia (como la India) todavía mantienen la estructura demográfica tradicional de pirámide.

Transición demográfica
En la base de la pirámide, en países donde la transición se encuentra avanzada, las tasas de natalidad (la cantidad de nacimientos por mujer), han disminuido notable-

mente, causando un crecimiento de la población más lento y la caída de la proporción de jóvenes en relación con la población total. Se requiere de una tasa de fertilidad de 2,1 para mantener estable una población. En muchas regiones del mundo desarrollado, las tasas de natalidad han caído muy por debajo de este nivel. Una mayor aceptación del control de la natalidad en países como España e Italia, por ejemplo, significó que sus tasas de natalidad hayan disminuido en forma drástica a 1,15 y 1,21 respectivamente. Si bien es posible que las tasas de natalidad se recuperen levemente en estos países, la ONU sostiene que es probable que durante los próximos 50 años permanezcan por debajo del nivel de restitución en la mayoría de los países desarrollados. Con una tasa de fertilidad del 2,11, los Estados Unidos son el único país desarrollado donde la tasa de fertilidad es igual a la tasa de restitución. Las tasas de natalidad en otras partes del mundo son mucho más altas, pero para el año 2050, la ONU prevé que tres de cada cuatro países subdesarrollados habrán caído por debajo de los niveles de restitución. (Es difícil predecir tendencias demográficas a futuro. En el 2003, la ONU realizó un informe minucioso de las tendencias de la población hasta el año 2050. La mayor incertidumbre se cierne en torno a las proyecciones de fertilidad, por lo que además de su principal escenario "medio" de fertilidad, la ONU construyó un escenario de fertilidad "bajo" y otro "alto". Las cifras citadas en este artículo corresponden al escenario medio.)

En el extremo opuesto de esta pirámide etaria, las mejoras en el cuidado de la salud y los estándares de vida implican que una mayor cantidad de personas llegará a vivir por más tiempo. No sólo se incrementa la proporción de ancianos, sino que también se eleva su expectativa de vida. La ONU predice que la expectativa de vida promedio a nivel mundial se elevará de 65 años, en el 2002, a 74 años durante el período 2045-2050, mientras que se espera un crecimiento de la población mundial de mediana edad de 26,4 años en el año 2000 a 36,8 años en el año 2050 (esta es la edad que separa a la población global en dos mitades). Nuevamente, existen grandes disparidades entre los diferentes países: en Japón la expectativa de vida en el 2002 era de 81,6 años, mientras que en Zambia era de tan sólo 32,4 años.

A nivel mundial se espera que se triplique la cantidad de personas ancianas de 606 millones en el año 2000 a casi 1.900 millones en el 2050. Sin embargo, el grupo más anciano (80 años o más) será el de más rápido crecimiento.

En el año 2000 había sólo 69 millones de personas de 80 años o más en el mundo, pero para el año 2050 esta cantidad de personas se espera que se eleve a 377 millones. En el año 2002 existían 50.364 centenarios en los Estados Unidos, pero se estima que 500.000 individuos pertenecientes a la generación baby boom llegarán a los 100 años. En el Reino Unido, el Departamento Nacional de Estadísticas prevé que la cantidad de personas que lleguen a los 80 años o más se duplicará hasta alcanzar casi 5 millones en los primeros años de la década del 2050. Sin embargo, para ese momento la gran mayoría de esta generación de ancianos (265 millones) vivirá en países subdesarrollados.

Como podemos ver en la Figura 6.1, el perfil demográfico de la India en el año 2000 constituía una pirámide perfecta. Existe una mayor cantidad de jóvenes y personas de mediana edad que de ancianos. Quienes trabajan y pagan sus impuestos pueden fácilmente costear las jubilaciones de sus mayores. Este tipo de panorama demográfico puede soportar un crecimiento sólido casi en forma indefinida.

Dentro de 25 años, la parte superior de la imagen continuará siendo una pirámide, pero la mitad inferior tendrá laterales paralelos. Existen demasiadas personas de la tercera edad en relación a los jóvenes, pero la situación es aún sostenible. Todavía es posible cierto crecimiento económico, pero la tasa compuesta disminuirá.

Dentro de 50 años, incluso en la India, el panorama demográfico habrá madurado por completo. Si bien el diagrama continúa estrechándose en la parte superior, aún así es demasiado denso en la cima. La carga de las jubilaciones sobre los impuestos de la población activa será onerosa. Para ese momento, bien podría existir algún tipo de plan de ahorro, pero éste deberá ser financiado y de una u otra forma representará un impuesto sobre la economía.

En muchas economías, el panorama se presenta incluso peor que para la India dentro de 50 años.

Japón es uno de los países a la vanguardia en el cambio de las tendencias demográficas. La División de Población de la ONU estima que para el 2050, su población se habrá reducido en un 14%. No será el único país con posibilidades de experimentar una disminución de su población en términos absolutos. La ONU estima que a lo largo de los próximos 50 años, 31 países tendrán poblaciones más pequeñas que en la actualidad y, entre ellos, Rusia ostenta el potencial de caída más alto, con un nivel del 50%.

La bomba de tiempo demográfica en Rusia
Se prevé una reducción de la mitad de la población de Rusia durante los próximos 50 años. Esto se debe a que el país está experimentando sólo una parte de la transición demográfica. Las tasas de natalidad cayeron de forma significativa a principios de la década de 1990, pero no ha existido una caída comparable en la tasa de mortalidad. Rusia posee la expectativa de vida más baja entre los países desarrollados. En 1970 la expectativa de vida al momento del nacimiento era de 70 años, pero entre 1995 y 2000, ha descendido a 66,1 y no se espera que retome los niveles de la década de 1970 hasta el quinquenio 2025-30. Los altos niveles de consumo de vodka no sólo afectan la salud de la población –también causan gran número de accidentes fatales. La imposibilidad de ponerle freno a la diseminación del SIDA también contribuye a la elevada tasa de mortalidad.

Consecuencias económicas de las poblaciones envejecidas

La caída en las tasas de natalidad y mortalidad producirán un cambio drástico en el ratio de personas de tercera edad sobre la población activa. A nivel mundial se prevé el incremento del ratio de personas cuya edad es de 65 años o más frente a aquellos que tienen entre 15 y 64 años, de 11/100 en 2000 a 25/100 en 2050. En las regiones de mayor desarrollo, la proporción se elevará de 21/100 a 44/100, y en las regiones subdesarrolladas, de 7/100 a 22/100.

Este incremento en la tasa de dependencia de ancianos podría tener un impacto negativo en el crecimiento económico, especialmente en los países donde la transición demográfica se encuentra ya bastante avanzada. El FMI ha estimado que en el primer mundo, la caída de la población en edad laboral podría ser la responsable de la reducción del PBI anual real per cápita en un promedio de medio punto porcentual para el 2050 (si bien, tal como destaca el FMI, esto no implica que el crecimiento real se verá reducido en dicha cantidad dado que existen otros factores que intervienen en el crecimiento, que también se modificarán a lo largo de este período. Dichos factores podrían compensar el efecto demográfico negativo.)

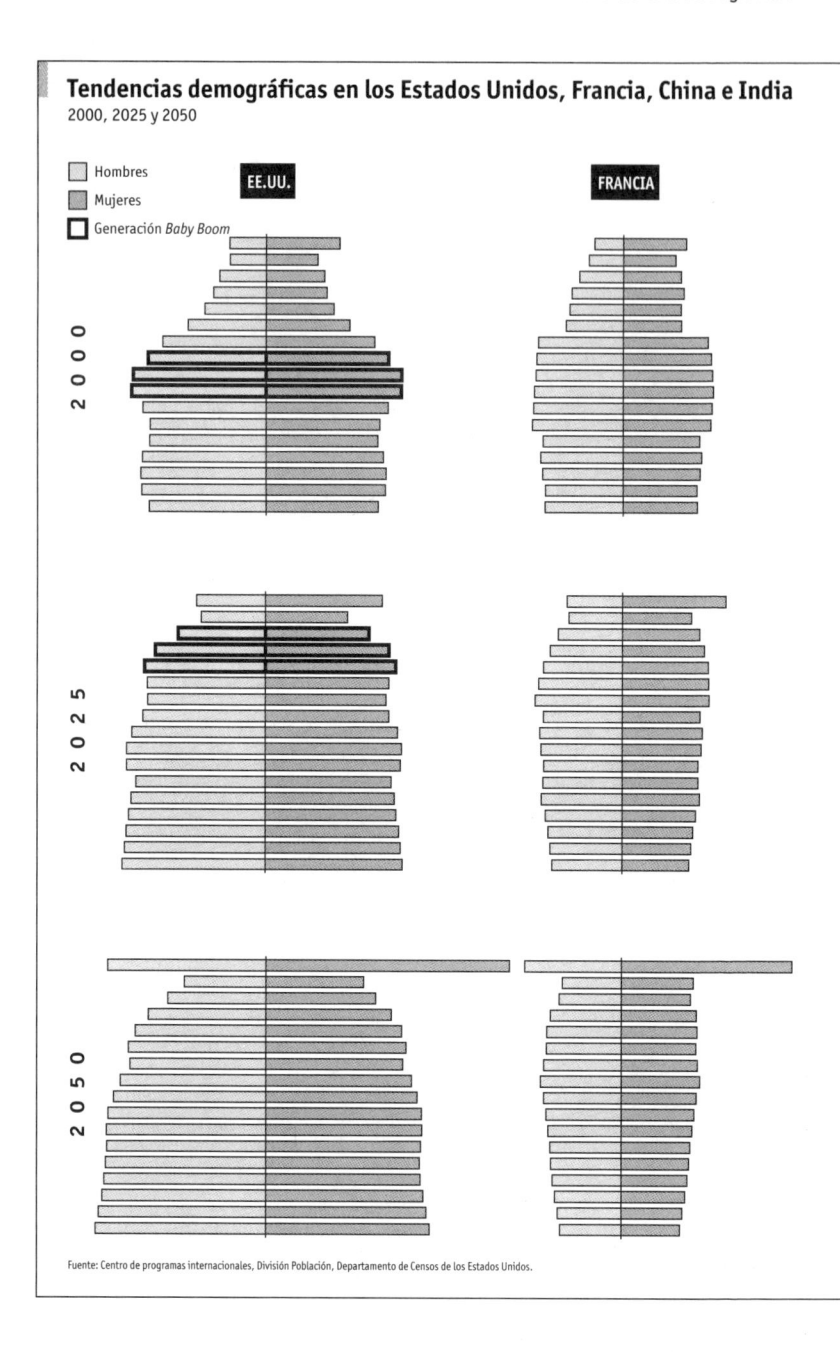

Tendencias demográficas en los Estados Unidos, Francia, China e India
2000, 2025 y 2050

- Hombres
- Mujeres
- Generación *Baby Boom*

EE.UU. FRANCIA

2000

2025

2050

Fuente: Centro de programas internacionales, División Población, Departamento de Censos de los Estados Unidos.

Cómo analizar el mercado

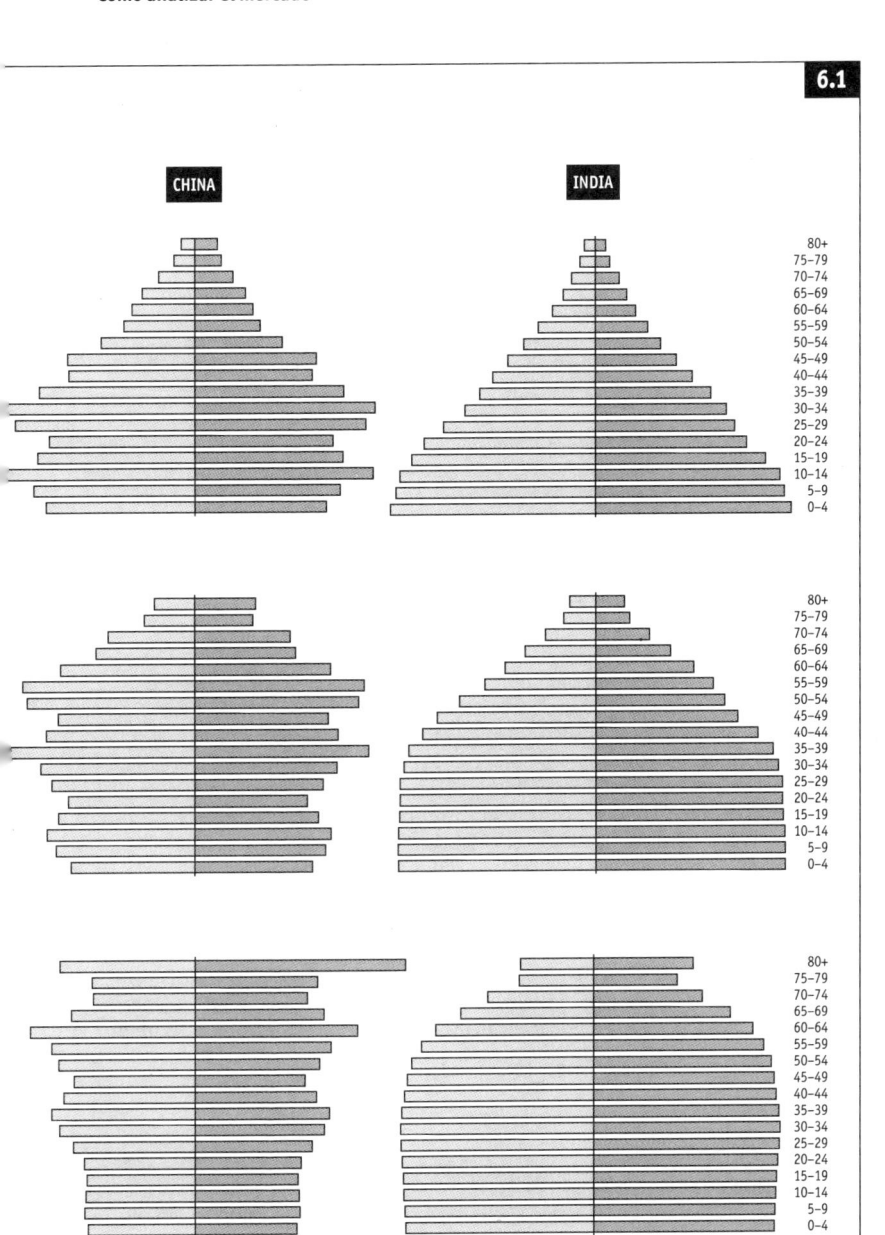

6.1

CHINA INDIA

	80+
	75–79
	70–74
	65–69
	60–64
	55–59
	50–54
	45–49
	40–44
	35–39
	30–34
	25–29
	20–24
	15–19
	10–14
	5–9
	0–4

En algunas partes del mundo, donde la tasa de dependencia está en aumento, se deberá asignar una mayor proporción del presupuesto público a servicios destinados a las personas de la tercera edad, como los servicios previsionales y el cuidado de la salud. La dificultad a la que se enfrentan los gobiernos que buscan elevar la edad de jubilación es una señal de los problemas que aguardan a futuro. La introducción de políticas para limitar las consecuencias fiscales de las poblaciones envejecidas plantea otras cuestiones políticas interesantes. La combinación de un creciente número de votos "de la tercera edad" con el hecho de que las personas mayores de 50 son más propensas a ejercer su derecho al voto que los jóvenes, otorgará a los mayores un poder político considerable, dificultando la introducción de reformas que limiten sus beneficios financieros. (Para un desarrollo más detallado acerca del poder político de las personas mayores, lea el artículo de S. H. Preston "Children and the elderly: Divergent paths for America's dependents" en la sección "Demografía").

Una población envejecida puede tener implicancias financieras significativas, muy diferentes a las consecuencias fiscales de mayores costos en jubilación y cuidado de la salud. La teoría del ciclo de vida de ahorros e inversiones postula que para intentar adecuar el consumo a lo largo de su vida, las personas tienden a solicitar préstamos cuando son jóvenes, ahorrar cuando se encuentran en el pico de su capacidad productiva al llegar a la mediana edad y luego, gastar sus ahorros durante su vejez. En una sociedad con una vasta proporción de personas de mediana edad, por lo tanto, el nivel de ahorros será alto, lo cual provoca la baja de las tasas de interés. Pero en una sociedad con alto número de dependientes por vejez, disminuirá la cantidad de ahorros, lo que ocasionará un incremento en las tasas de interés.

El incremento en la proporción de dependencia podría tener efectos similares en los mercados accionarios, dado que una población envejecida venderá sus tenencias accionarias. Los estudios realizados en el mercado accionario de Estados Unidos, por ejemplo, mostraron una correlación positiva entre su desempeño y la proporción de la población que se encuentra en la cima de su período de ahorro (entre los 40 y los 64 años). Si bien la correlación positiva no necesariamente implica causalidad, existe una lógica intuitiva detrás de esta relación.

Algunos analistas han cuestionado las suposiciones subyacentes a este ciclo de vida de inversión y ahorro, en especial en cuanto a la forma en que la gente mayor dispone de sus ahorros. La falta de certidumbre respecto de la expectativa de vida junto con el deseo de transmitir la riqueza a generaciones futuras puede implicar, según se argumenta, que los mayores deseen retener una proporción de sus ahorros. Pero el argumento se centra en la velocidad a la que se utilizan los ahorros, y no en la dirección que adopta esta tendencia. Una vez que las personas se jubilan, es improbable que continúen ahorrando y la mayoría de ellas deberá gastar sus ahorros. Por lo tanto, los ahorros disminuirán en aquellos países con una vasta población de la tercera edad en aumento.

Aumento de los gastos

La suposición de que las personas adecuan el consumo a lo largo de sus vidas podría ser una simplificación en cierto aspecto: los patrones de consumo cambian durante la vida de las personas. El primer aumento en los gastos ocurre, en promedio, a la edad de 25 años, cuando se abandona el hogar paterno y se comienza a comprar bienes que necesitan para armar su propio hogar. La década entre los 40 y los 50 es generalmente el período de mayor gasto, especialmente cuando se tienen hijos. Este es el momento en el que se adquiere una vivienda más grande, se compra un automóvil más grande y se financian el colegio y la universidad de los hijos. El tamaño relativo de la población entre 45 y 49 años es, por ende, un factor importante al momento de determinar el impacto de las tendencias demográficas sobre el mercado de capitales. (En su libro *The Great Boom Ahead*, Harry S. Dent identifica los 46 años como la edad en la que una persona promedio realiza más gastos.)

La generación *baby boom*

El efecto que tuvo sobre la economía norteamericana el hecho de que la generación *baby boom* de Estados Unidos y Canadá alcanzara el período de gasto más alto de sus vidas, se vio claramente durante la década del 90. La generación *baby boom* corresponde al vasto grupo de nacidos entre los años 1946 y 1964. Los demógrafos se han referido a esta enorme generación como "un cerdo pasando a través de una pitón". Esta generación ha influido en la economía en cada etapa de sus vidas. Al llegar a los 25 años necesitaron tener su primera vivienda, por lo que hubo una oleada en la construcción; cuando necesitaron universidades, estalló este sector de la economía. Al llegar la década de 1990, la generación *baby boom* estaba alcanzando la década de mayor gasto de su vida y constituyó la fuerza motora que impulsó el gran incremento en el gasto de los consumidores quienes, a su vez, apuntalaron el mercado de capitales. A medida que se desencadenaba una seguidilla de problemas financieros, como la crisis de la deuda Rusa, el choque financiero de Asia y el colapso de los fondos de inversión libres *Long Term Capital Management*, los inversores contuvieron nerviosamente la respiración, esperando que la generación *baby boom* retomara las riendas de sus gastos. Pero con sus hijos en el colegio y la universidad y una gran hipoteca que cancelar, estaban atrapados en un esquema de gastos que no era sencillo de desarmar.

Los descendientes de la generación *baby boom* se conocen como la "generación eco". Si bien esta generación no es, ni por lejos, tan extensa como lo fue la de sus antecesores, creará una pequeña aglomeración demográfica por aquellos nacidos entre 1977 y 1994.

Otros países han experimentado explosiones demográficas mucho más pequeñas a la producida por la generación *baby boom* en los Estados Unidos y Canadá. Tras la destrucción producida por la Segunda Guerra Mundial, la moral estaba baja en Europa Occidental y Japón (donde la explosión de la bomba atómica tuvo un impacto particularmente devastador en la psiquis nacional). En consecuencia, su explosión demográfica no tuvo lugar sino hasta 1950.

Migración

La disminución de la fuerza de trabajo en los países más avanzados puede promover una mayor migración económica desde las regiones subdesarrolladas del mundo. La ONU anticipa que durante las próximas décadas estos países recibirán 2 millones de inmigrantes (netos) cada año. Pero sólo en los Estados Unidos, donde se espera un ingreso de 1,1 millones de inmigrantes por año, la migración será lo suficientemente significativa en volumen como para tener un impacto en el tamaño de la población trabajadora. Se espera que Alemania sea el segundo país con mayor ingreso de inmigrantes, con 211.000 ingresos, seguido por Canadá (173.000), el Reino Unido (136.000) y Australia (83.000). Se espera que la mayor parte de la inmigración provenga de China (303.000), seguida de México (267.000), India (222.000), las Filipinas (184.000) e Indonesia (180.000). (Estas cifras se basan en números oficiales, por lo que pueden estar subestimados, dado el incremento de la migración no oficial.)

La inmigración puede ayudar a incrementar el número de habitantes en edad de trabajar de un país pero sólo temporalmente, dado que los inmigrantes también envejecen. Sin embargo, un nivel de migración en constante crecimiento podría tener cierto impacto en las tendencias demográficas, aunque es improbable que posea la relevancia suficiente como para revertir los patrones actuales.

Efecto variable de las tendencias demográficas
Cuando consideramos la influencia de los factores demográficos, es importante recordar que la predicción de las tendencias de población es una ciencia inexacta. Los intentos del pasado han fracasado por completo en anticipar la caída en las tasas de natalidad, por ejemplo. Pero los niveles de natalidad a futuro no constituyen uno de los principales puntos en consideración para los inversores que intentan delinear las consecuencias económicas y financieras de las tendencias demográficas en las próximas dos décadas, dado que quienes ingresen al mercado laboral durante ese período ya han nacido. Lo que podría interferir abruptamente en los patrones demográficos en las próximas décadas es el surgimiento de una epidemia que incrementara las tasas de mortalidad. El efecto devastador de la diseminación del virus HIV/SIDA entre la población en edad de trabajar en el África Subsahariana, es un agudo recordatorio de lo que puede suceder cuando una epidemia mortal se arraiga en una población. Entre los siete países más afectados, se espera un crecimiento de la población general de apenas 74 millones en el año 2000 a 78 millones en el año 2050; mientras que en Botswana, Lesotho, Sudáfrica y Swazilandia, se espera que continúen descendiendo los números de la población durante los próximos 50 años.

Por lo tanto, los cambios demográficos en verdad tienen una influencia importante en las tendencias seculares a largo plazo, y el impacto negativo o positivo de éstas depende, en gran medida, de la región de la que se trate. Algunas partes del mundo están llegando rápidamente al punto en el que su población en edad laboral comienza a disminuir, mientras que en muchas partes del mundo en vías de desarrollo es probable que se incremente, en gran medida, el tamaño de la población activa durante varias décadas antes de que se instale el efecto del envejecimiento.

Japón es el país que tiene mayores probabilidades de que su crecimiento se vea afectado por datos demográficos negativos, seguido de Europa central y occidental. Las regiones del mundo con mejor posicionamiento para beneficiarse con tendencias demográficas favorables son África, Oriente Medio y Asia Central. Pero todas estas regiones, en especial África, requerirán de la construcción de un marco institucional adecuado y el desarrollo de un buen gobierno a fin de poder aprovechar las oportunidades que le presentan sus cifras demográficas positivas.

Bibliografía

Bloom, D. E. y Williamson, J. G., *"Demographic Transitions and Economic Miracles in Emerging Asia"*, The World Economic Review, vol. 12, no. 3, Septiembre de 1998.

Dent, H. S., *The Great Boom Ahead*, Hyperion, 1993.

"How Will Demographic Change Affect the Global Economy?", *World Economic Outlook*, International Monetary Fund, Washington, DC, Septiembre de 2004.

Modelski, G. (ed.), *Exploring Long Ciclos*, Lynne Rienner Publishers, 1987.

Preston, S. H., "Children and the elderly: Divergent paths for America's dependents", *Demography*, vol. 21, 1984.

Strauss, W. y N. Howe, *Generations*, William Morrow, 1991.

World Population Prospects: The 2002 *Revision, Volume I*: Comprehensive Tables, Population Division, Department of Economic and Social Affairs, UN, 2003.

World Population Prospects: The 2002 *Revision, Volume II*: Sex and Age, Population Division, Department of Economic and Social Affairs, UN, 2003.

World Population Prospects: The 2002 *Revision, Volume III*: Analytical Report, Population Division, Department of Economic and Social Affairs, UN, 2003.

7. Energía

La demanda mundial de energía se elevará en forma significativa durante las dos próximas décadas. La Agencia Internacional de Energía prevé que el consumo de energía se duplicará para el año 2030. No sólo las economías en crecimiento requerirán de grandes cantidades de energía para llevar a cabo su transición económica, sino que la creciente dependencia de los países occidentales de tecnología cada vez más sofisticada, también contribuirá a un incremento constante de la demanda de energía.

Existen dos problemas respecto de la dependencia mundial de los combustibles fósiles. El más obvio es que en algún momento se extinguirán. Las alarmas anteriores respecto de una posible extinción de las provisiones han resultado prematuras, ya que una mayor sofisticación del equipo ha permitido descubrir mayores reservas de petróleo, y el incremento en el precio del combustible durante los últimos años ha provocado que resulte económico poner en actividad fuentes de combustible que no resultaban comercialmente viables para la extracción a precios más bajos. Pero las reservas son limitadas y es probable que durante el transcurso de este siglo, los combustibles fósiles se agoten.

El segundo problema es el efecto que causa la combustión de los derivados del petróleo en el medio ambiente. Existe considerable incertidumbre en la ciencia del calentamiento global. El debate sobre si se trata de un fenómeno causado por el hombre o el resultado de un desarrollo natural es aún materia de controversia. Pero, en general, se acepta que la actividad humana ha contribuido a aumentar el problema.

En términos medioambientales, la industrialización atraviesa dos etapas. La primera podría resumirse a través de la antigua máxima de la Unión Soviética: "Primero produce, después vive". En la escalada inicial por construir infraestructura, ciudades e industrias básicas, se ha prestado poca atención a la contaminación que esto genera. Pero en la segunda etapa, a medida que la sociedad se enriquece, se pone mayor énfasis en contar con un medioambiente limpio. En casi todos los países del mundo, la legislación medioambiental se torna cada vez más estricta. Incluso en China, donde todo el énfasis está puesto en el desarrollo económico, se están introduciendo medidas tendientes a reducir la contaminación del aire.

La demanda energética, junto con una tendencia hacia la mejora ecológica, posee consecuencias importantes para dos grandes industrias: la generación de energía y fabricación de automóviles.

Generación de energía

Se ha realizado una cantidad considerable de estudios e inversiones para tratar de desarrollar fuentes alternativas de energía, como la energía solar e hidroeléctrica, la mareomotriz, la energía de las olas, la energía eólica, y el biocombustible. Pero la desventaja que presentan todos ellos (con la posible excepción de la energía solar) es que simplemente "suavizan" el problema. No pueden producir cantidades de energía lo suficientemente grandes como para cubrir la demanda energética que existe actualmente en el mundo, sin mencionar que será necesario un volumen de electricidad mucho mayor para el progreso del desarrollo económico en los países emergentes. Pueden, junto con otras mejoras en la conservación energética, representar un aporte útil al problema en general, en especial en el corto a mediano plazo, pero no constituyen la solución definitiva. Incluso la energía solar, que quizás podría ser la solución definitiva, está demasiado lejos de ser económica como para convertirse en una firme candidata. Esto ha determinado que se reconsidere la energía nuclear como proveedora energética.

La opción nuclear

La energía nuclear ha sido siempre fuente de polémicas. En países como Suecia y más recientemente en Alemania, la opinión pública se opuso a ella con tal firmeza que sus gobiernos se vieron obligados a descartarla como fuente de generación de energía, si bien incluso en esos países, la opinión ha comenzado a cambiar y se han aplazado los planes de descarte. Las plantas de energía nuclear emiten sólo una pequeña cantidad de dióxido de carbono, y si bien la extracción y el procesamiento del uranio, tal como se lo practica en la actualidad, producen una cierta cantidad de dióxido de carbono, las cantidades son pequeñas en comparación con las plantas que queman el combustible fósil. Por ello, sobre la base de ese criterio, obtienen un alto puntaje como medio limpio para la producción de energía. Su principal desventaja es que produce desechos altamente radioactivos y la seguridad de los medios actuales para desecharlos es aún controvertida. Es probable que a largo plazo, los desechos sean enterrados en bóvedas subterráneas profundas, dentro de formaciones geológicas estables, pero se hace difícil obtener aceptación pública para ubicaciones específicas. En el Reino Unido, por ejemplo, los desechos se están guardando en sitios provisorios hasta que un grupo independiente decida cuál es la ubicación más adecuada para su almacenamiento a largo plazo.

Los accidentes producidos en Three Mile Island en los Estados Unidos y Chernobyl en Ucrania, como así también las pérdidas en la estación nuclear Sellafield del Reino Unido, han incrementado las preocupaciones de la opinión pública respecto de la seguridad de la energía nuclear. Pero se está diseñando una nueva generación de reactores que serían mucho más seguros que los anteriores y que podrían ayudar a despejar los temores del público respecto de los riesgos asociados a la creación de estas fuentes de energía. El reactor modular de lecho rocoso, por ejemplo, está diseñado para soportar temperaturas extremadamente altas, reduciendo por lo tanto el riesgo de un accidente por derretimiento. El combustible se introduce en el reactor en forma de rocas redondeadas, en lugar de barras, que deben quitarse y reemplazarse. Las rocas nuevas pueden ser apiladas sobre las anteriores, evitando la necesidad de apagar el reactor para reabastecerlo. El proceso es más eficiente que los antiguos reactores de altas temperaturas enfriados con gases, por lo que hay una cantidad de residuos radioactivos mucho menor. Habrá un receptáculo especialmente diseñado para rocas usadas debajo del reactor donde se las guardará durante 40 años. Algunos expertos en energía han cuestionado si está bien construir una nueva generación de reactores alimentados con uranio cuando ya existe preocupación por la falta de provisión del metal. Pero el problema podría estar sobrevaluado, por dos razones:

> ❖ La posibilidad de una nueva fuente de demanda podría promover la exploración para encontrar nuevos depósitos. Kazajstán, por ejemplo, produce el 9,4% de la producción mundial de uranio y planea desarrollar siete minas nuevas, superando a Canadá y Australia

para convertirse en el mayor productor mundial en el 2010.
- ❖ El desarrollo de reactores de incubación rápida, podrá a largo plazo mejorar en forma drástica la utilización del uranio. Los reactores nucleares actuales convierten sólo el 1% de la energía potencial del uranio en energía "utilizable", mientras que los reactores de incubación rápida convertirán casi el 100%. Esta gran mejora en la utilización hará que resulte rentable utilizar mineral de uranio de menor grado, y por lo tanto, se incrementarán enormemente las reservas mundiales utilizables.

Los puntos tratados más arriba bien pueden promover una reconsideración de la energía nuclear como fuente de combustible.

Fusión nuclear y explotación de la luna
Tanto los reactores nucleares nuevos como los antiguos dependen de la fisión nuclear para generar energía. La verdadera innovación radical sería pasar a la fusión nuclear. El Centro de Ciencias Culham en el Reino Unido, es el líder en investigaciones de fusión de dos isótopos de hidrógeno (deuterio y tritio) a temperaturas que rondan los 100 millones de grados con el fin de producir energía. Es claro que surgen problemas en la práctica asociados con el desarrollo comercial de una fuente de energía que debe operar a semejante temperatura. Asimismo, se reconoce la existencia de cierta cantidad de subproducto que proviene de un reactor que utiliza esta reacción de fusión específica, aunque es muy inferior a la producida por un reactor de fisión nuclear equivalente, y además tiene una vida media relativamente breve en el orden de los 50 años. Su descarte, por lo tanto, debería presentar un problema mucho menor que el de los desechos radioactivos generados por las plantas nucleares existentes.

Se están llevando a cabo estudios en los Estados Unidos sobre diferentes tipos de reacción de fusión, que producen incluso menor cantidad de desechos radioactivos, aunque operan a temperaturas superiores. Se trata de la reacción de fusión de helio-3 (un isótopo del helio) con deuterio. Uno de los problemas con esta tecnología de combustible es que sólo existen pequeñas cantidades de helio-3 en la Tierra. Sin embargo, en el documento "*Astrofuel – An Energy Source for the 21st Century*", de J. F. Santarius y G. L. Kulcinski, se estima que la Luna tiene alrededor de un millón de toneladas de helio-3, lo suficiente como para cubrir las necesidades mundiales básicas durante más de 1000 años. La forma en que los depósitos minerales de la Luna pueden ser utilizados para generar electricidad, escapa al alcance de este libro. Pero sirve para ilustrar que se encuentran disponibles fuentes de energía alternativas, aunque la tecnología para explotarlas no haya sido aún desarrollada.

Se verá a partir de esta investigación superficial sobre tecnología en actual desarrollo que, excepto en el corto plazo, los altos precios del combustible no deberían ser un impedimento para el crecimiento económico. Por el contrario, es probable que promuevan la investigación y la inversión en nuevas tecnologías que permitirán a las economías en crecimiento establecer un sistema de generación de energía de bajo costo y baja emisión de carbono.

La gran economía automotriz

Lo que Lady Thatcher alguna vez describió como la "gran economía automotriz" trae enormes beneficios para los individuos, pero para la economía en su totalidad, trae aparejados efectos colaterales negativos y significativos. Existen ya demasiados automóviles en el mundo occidental; desde la autopista de Los Ángeles hasta la M25 de Londres o el centro de Roma, las calles se encuentran atascadas. Muchas familias cuentan con dos e incluso tres autos. La creciente riqueza en países como la India y China llevará a un incremento drástico en la demanda de automóviles. El Programa Medioambiental de la ONU prevé que podría haber 200 millones de autos nuevos, dos veces la cantidad actual en las rutas de los Estados Unidos, si la propiedad automotor en India, Indonesia y China alcanza los promedios globales. Esta tendencia es más evidente que en ninguna otra parte del mundo en las calles atascadas de Beijing, donde el humo de los autos se agrega al grueso smog que pesa sobre la ciudad. El cambio de bicicletas a autos como medio principal de transporte ha sido tan rápido que ha llevado a la quiebra a uno de los mayores fabricantes de bicicletas del país, China Bicycle.

Conscientes del impacto medioambiental negativo del paso hacia una economía basada en el automóvil, las autoridades chinas están planeando limitar el daño introduciendo una variedad de estándares de calidad para los motores de los autos que, llegado el momento, serán más exactos que los existentes en los Estados Unidos. Pero dada la duplicación del parque automotor prevista para el 2020, de poco servirá esto para mejorar el problema de fondo. Los automóviles dan cuenta de un tercio del consumo anual energético de China, y a medida que se duplique la cantidad de autos, lo mismo sucederá con la demanda de energía para proveerlos de combustible.

Una de las innovaciones técnicas que ya han sido lanzadas en el mercado es el automóvil híbrido, que opera básicamente con nafta, pero tiene una batería eléctrica que se carga mientras se conduce y que puede utilizarse para mover un motor eléctrico que alimenta al vehículo en zonas de tráfico lento. Si bien es mucho más limpio y más eficiente que el motor tradicional de combustión interna, aún así estos autos producen emisiones de carbono. Se está alentando a los fabricantes de automóviles para que comiencen a producir estos autos híbridos para el mercado chino. Sin embargo, a largo plazo, se requiere de una solución más radical, si es que China y otras economías en crecimiento quieren convertirse en economías basadas en el automóvil. La respuesta es otra innovación tecnológica: la celda de combustible.

La celda de combustible es una batería que funciona con hidrógeno, que mezclado con el oxígeno del aire, produce electricidad. El único subproducto es agua caliente, por lo que desde el punto de vista del medioambiente es la fuente de combustible perfecta. Las celdas de combustible también pueden utilizarse para calefaccionar viviendas y calentar agua. En algún momento, cada hogar podrá tener su propia planta de energía que cubrirá todos los requerimientos energéticos de la casa, pero la mayor parte del trabajo de desarrollo se concentra en el uso de la tecnología para alimentar automóviles.

El problema más difícil con la celda de combustible es cómo guardar el hidrógeno que hace funcionar al automóvil. Su almacenamiento en un cilindro de alta presión (el único método comprobado) implica que el tanque de combustible sea tan pesado y tan aparatoso que sólo podría utilizarse en un autobús. Se está explorando el uso de otros dispositivos más livianos y más baratos, pero ninguno de ellos ha llegado al mercado aún. Incluso si así lo hiciera, el costo inicial de un auto con celda de combustible es probable que sea muy alto, quizás tan alto como el del autobús de celda de combustible existente (alrededor de U$S 1 millón cada uno). Sin embargo, Toyota, un productor de automóviles japonés, estima que para el año 2015 el precio habrá bajado a U$S 50.000. General Motors es mucho más agresiva en su política de precios; está apuntando a reducir el costo a U$S 5.000 en sólo cinco años, aunque no prevé comenzar con la producción en masa tan pronto.

Aun cuando los problemas relacionados con el almacenamiento y abastecimiento de los autos con hidrógeno fueran resueltos, se requiere de la instalación de un sistema de distribución de hidrógeno antes de poder comercializar autos con celda de combustible únicamente.

Cierto número de estados en los Estados Unidos están comenzando a desarrollar redes de abastecimiento de hidrógeno. Tal como sucede con muchas nuevas ideas, California lleva la delantera. Arnold Schwarzenegger, el gobernador del estado, prometió en el 2004 que contarían con una "autopista de hidrógeno" en funcionamiento para el año 2010. Sin embargo, hasta que no se haya identificado la mejor manera de almacenar hidrógeno, tales iniciativas podrían resultar prematuras.

Los altos precios de la energía deberían promover la innovación
El desequilibrio que existe entre el gran incremento en la demanda y el abastecimiento de petróleo y gas inmediatamente accesible ha elevado los precios en forma significativa. Algunos años atrás, la mayoría de los economistas hubiera predicho que un precio del petróleo a U$S 60 el barril hubiera hundido a la economía en la recesión. Existen varias razones por las que el alto precio de la energía no ha actuado, hasta ahora, como un peso de arrastre en la actividad económica:

- ❖ La demanda que surge de la industrialización es mucho menos sensible a los cambios en el precio del combustible que la demanda cíclica de una economía madura.
- ❖ La economía global puede producir un mayor rendimiento económico por barril de petróleo que en la década de 1980 y 1970, cuando los incrementos en el precio del combustible producían recesiones.
- ❖ Los costos más elevados de energía han ocurrido frente a un trasfondo de presiones inflacionarias atenuadas en otros aspectos de la economía y los precios del petróleo incrementados aún no han alimentado las expectativas inflacionarias, quizás, debido a que se espera que sean temporales.

Estos factores mitigantes tienen límites, sin embargo, y si los precios del petróleo fueran a escalar muy por encima de los U$S 70 por barril, en algún momento surtirían un impacto negativo en el crecimiento global. *

La consecuencia a largo plazo de los altos costos energéticos será la estimulación del desarrollo de tecnologías de reemplazo para la generación de energía y automóviles. Según se informa, Sheikh Yamani dijo "la era de piedra no terminó porque nos quedamos sin piedras", y es improbable que la era del combustible fósil llegue a su fin debido a que nos hemos quedado sin combustible fósil. Las nuevas tecnologías brindarán un combustible más limpio, más barato para la economía global. Los procesos industriales y los emprendimientos industriales necesarios para producir esta nueva tecnología serán una de las fuerzas que darán un impulso ascendente al período a largo plazo.

Bibliografía
Lovelock, J., *The Revenge of Gaia*, Allen Lane, 2006.
Santarius, J. F. y Kulcinski, G. L., *Astrofuel: An Energy Source for the 21ª Century*, Fusion Technology Institute, University of Wisconsin-Madison, 1989.

* N. del E.: La economía global demostró ser mucho más resistente que en anteriores ocasiones a subas abruptas en el precio del petróleo. Una menor intensidad en el uso de la energía (se usa menos cantidad de energía por unidad producida) y una situación inicial mejor que anteriores shocks hicieron que se evite una recesión, al menos por el factor energético.

8. Biotecnología

En su acepción más amplia, la biotecnología consiste en la producción de nuevas drogas y tratamientos médicos para la vida humana, animal y vegetal. En épocas tan remotas como el año 20.000 a.C. existe evidencia de que algunos miembros de la sociedad tenían un rol específico en el tratamiento de aquellas personas que caían enfermas. Una de las pinturas sobre los muros de *Grotto of Trois Frères* en los Pirineos, por ejemplo, muestra a un doctor vestido con pieles de animales. Para los hombres primitivos, las enfermedades eran producto de los demonios y el doctor se ocultaba tras el disfraz de un enorme animal, como por ejemplo un oso, para alejar al espíritu maligno y también para distraer a sus pacientes de sus padecimientos. Sin embargo, fueron los griegos quienes efectuaron la transición de la fe curadora al uso de drogas, ya sea para curar una enfermedad o para tratar los síntomas, utilizando opio, por ejemplo, para aliviar el dolor. A medida que se fue incrementando nuestro conocimiento del cuerpo humano, también se ha incrementado la efectividad de los remedios utilizados para tratar enfermedades, heridas y afecciones médicas. Pero el mayor descubrimiento en las ciencias médicas se produjo en el año 2000, cuando Celera Genomics y el Proyecto Genoma Humano publicaron *Book of Life*, en el que delinearon la secuencia completa del genoma humano. La cantidad de avances médicos que serán desarrollados a partir de este conocimiento es inmensa.

Medicina molecular
Desentrañar la composición del genoma humano ha llevado a un mayor conocimiento de los cambios moleculares que ocurren en ciertas enfermedades. Ha nacido una nueva ciencia, la genómica, para estudiar los genes y la forma en la que estos se comportan. Antes de que el Proyecto Genoma Humano estableciera la secuencia del genoma humano, se pensó que contendría al menos 100.000 genes, pero ahora se cree que existen sólo alrededor de 25.000. Sin embargo, cada gen puede poseer varias proteínas, lo que significa que podrían existir alrededor de 500.000 proteínas y variedades de proteínas en el cuerpo humano. Esto ha dado lugar a otro vasto campo de investigación de las proteínas, conocido como la proteómica. Las irregularidades de las proteínas también pueden tratarse utilizando drogas específicas. Actualmente, las drogas apuntan a un número relativamente escaso de moléculas del cuerpo, pero a medida que crece el conocimiento científico sobre la función de las proteínas, también lo hace el número de enfermedades que pueden tratarse.

Se está desarrollando una investigación médica exhaustiva concentrada en la producción de drogas con anticuerpos que pueden identificar moléculas específicas, en especial, aquellas que se encuentran en las células cancerosas. Esto no es una idea nueva. La investigación dentro del concepto de producción de anticuerpos para identificar moléculas específicas comenzó en la década de 1970, pero los anticuerpos se producían en ratones y a menudo producían reacciones alérgicas al utilizarlos en humanos. Ahora los científicos pueden criar ratones con un sistema inmunológico similar al de los humanos de manera que este problema ha sido ya ampliamente superado, abriendo camino al desarrollo de drogas "inteligentes" que pueden identificar cambios moleculares que provocan que una célula normal devenga en cancerosa. Estas drogas pueden utilizarse para tratar moléculas con enfermedades específicas, pero los científicos están intentando hacerlas incluso más efectivas al agregar químicos tóxicos a los anticuerpos que puedan, por ejemplo, atacar tumores sólidos.

Se estima que la cantidad de información genética descubierta se duplica cada seis meses. Nuevas técnicas de computación tuvieron que ser desarrolladas para lidiar con este vasto flujo de información, dando lugar a otro campo de investigación, la bioinformática, que aprovecha la tecnología informática para el rápido crecimiento de bancos de datos de información genética. El cuerpo de especialidades médicas/informáticas que ha surgido eventualmente revolucionará la ciencia médica. Pero es importante resaltar que esta no será una revolución instantánea; ya existe cierta frustración respecto de que el descubrimiento de la composición del genoma humano no ha redundado en beneficios médicos y financieros, más inmediatos.

El período de gestación entre el descubrimiento de una nueva droga y su lanzamiento comercial suele llevar más de diez años. Cada nueva droga tiene que atravesar una serie de procedimientos de prueba rigurosos. Luego de la investigación y desarrollo inicial, pasa por las pruebas clínicas. Durante la primera fase, la droga se prueba en voluntarios sanos. En esta etapa, tiene un 20% de probabilidades de pasar a la segunda etapa de prueba, cuando se prueba en pacientes con una enfermedad o afección particular para la cual esta droga fue diseñada, ya sea para su curación o alivio. En promedio, el 30% de las drogas pasa esta prueba y continúa hacia la etapa 3, que implica pruebas a largo plazo, con el objetivo de poder descubrir efectos adversos como resultado de su uso prolongado. Una vez que la droga superó con éxito estas pruebas, se puede solicitar su aprobación por la autoridad competente, como la Food and Drug Administration (Departamento de Control de Alimentos y Medicamentos) de los Estados Unidos, o el Healthcare Products Regulatory Agency (Departamento de Control de Productos para el Cuidado de la Salud) en el Reino Unido, pero incluso llegar a esta etapa no implica que el éxito esté asegurado. Alrededor de un 25% de las drogas fracasan en la fase 3, y para algunos tratamientos, el porcentaje es aún mayor.

La nueva tecnología seguramente interrumpirá el proceso de prueba dado que los científicos podrán predecir el efecto de las drogas en humanos utilizando las herramientas genómicas.

En este sentido, los problemas potenciales podrán detectarse en etapas muy tempranas, evitando la necesidad de realizar pruebas clínicas costosas.

Medicina personalizada
El manejo de semejante explosión de información nueva plantea problemas específicos. La correlación y la remisión de todos los datos que emanan del estudio de la genética humana es una tarea trabajosa, y el período de "absorción" durante el cual los científicos intentan comprender las relaciones complejas entre el genoma humano y las enfermedades toma más tiempo del previsto inicialmente.

Sin embargo, finalmente la medicina será mucho más personalizada. El análisis del perfil genético permitirá a los médicos predecir qué pacientes son susceptibles a ciertas enfermedades y qué tratamientos resultan los más efectivos para tratar o paliar su enfermedad. Por ejemplo, la Herceptina, una droga utilizada para tratar casos avanzados de cáncer de mama, es sólo exitosa en pacientes cuyos tumores sobreexpresan el gen her-2, y es, por lo tanto, adecuada sólo para un 25% a 30% de las pacientes con esta forma de cáncer.

Incremento de la informatización
La contribución a las ciencias médicas que producirán los avances en informática no se limita al procesamiento de datos. Los cirujanos reciben entrenamiento para operar utilizando simuladores informáticos, de la misma manera que los pilotos se entrenan en simuladores de vuelo; y se han desarrollado robots que ya están realizando algunos procedimientos quirúrgicos. El *Oklahoma Heart Hospital* es el primer hospital de los Estados Unidos en operar por completo en forma electrónica. Todos los antecedentes médicos del paciente se ingresan a la computadora y, de allí en adelante, todos sus antecedentes, incluyendo radiografías, se almacenan en forma electrónica. El cambio hacia historias clínicas computarizadas se encuentra ya avanzado (aunque no libre de problemas en el Reino Unido).

La nanotecnología abre una nueva frontera en la medicina
En algunas décadas, la interacción entre la biología molecular y la nanotecnología abrirá nuevas fronteras para el tratamiento médico. Se están desarrollando nanomáquinas minúsculas del tamaño de una molécula que serán capaces de transportar las drogas hacia partes específicas del cuerpo que requieren reparación o tratamiento. Los científicos también están construyendo nanocomputadoras tan pequeñas que una simple gota de líquido puede contener hasta 10.000 de ellas. Finalmente, alguna de estas computadoras será inyectada en la corriente sanguínea de un individuo y viajará por todo el cuerpo para realizar un diagnóstico interno. Los resultados del diagnóstico serán probablemente ingresados a una computadora más grande cerca del paciente que procesará la información y, de ser necesario, enviará una prescripción a la farmacia. Las generaciones futuras podrían recordar el trabajo del doctor que se sentaba y conversaba con el paciente sobre sus síntomas y su historia clínica como una curiosidad histórica, del mismo modo que ahora recordamos a los faroleros victorianos.

Una combinación de innovaciones en la ciencia de la vida
La revolución que tiene lugar en las ciencias de la vida es una buena ilustración de la teoría de Joseph Schumpeter que postula que las innovaciones tienden a dispersarse en una economía. El descubrimiento de la secuencia del genoma humano ha generado nuevas ramas de la ciencia. Los avances en conocimientos médicos promovidos por estas tecnologías serán enormes, pero también plantearán difíciles cuestiones sociales y éticas. Los tratamientos con drogas dirigidas probablemente serán caros debido a que los costos de investigación y desarrollo no pueden ser prorrateados entre una extensa cohorte de pacientes como puede ser una droga tan masiva como el Zantac (que se utiliza para prevenir úlceras de estómago e intestinos). Por ejemplo, un año de tratamiento con Herceptina, la droga anticancerígena de mamas mencionada anteriormente, cuesta U$S 43.000 (£25.000 libras). Los gobiernos y las autoridades sanitarias deberán tomar decisiones cada vez más difíciles respecto de las drogas y los tratamientos que podrán aplicarles a las personas que no puedan costearlos. ¿Insistirán las empresas de seguro médico en el filtro genético antes de emitir la póliza de salud e incluso podrán llegar a negar la cobertura a personas con genotipos que las conviertan en personas susceptibles de padecer enfermedades del corazón? La investigación de células madre también plantea cuestiones polémicas. Pero a pesar de estas cuestiones éticas, esta nueva revolución en medicina es irrefrenable, y la cadena de innovaciones y nuevos desarrollos que resulta de ella contribuirá positivamente al crecimiento a largo plazo.

Síntesis

En términos de desarrollo económico, casi la mitad de la población mundial se encuentra en las etapas iniciales de la industrialización. El impacto de esta transición económica tendrá largo alcance. El aumento de la demanda de materias primas escasas elevará los precios. Pero, así como Thomas Malthus se equivocó al ver el crecimiento de la población como un factor de limitación en el crecimiento económico, el incremento en los costos de las materias primas no frenará el crecimiento (excepto a muy corto plazo). Por el contrario, estimulará la investigación y el desarrollo de tecnologías alternativas. Más aún, la tendencia hacia el desarrollo de tecnologías de reemplazo recibirá un impulso adicional por parte de los países en crecimiento. A medida que sus economías se enriquezcan, habrá un mayor enfoque sobre las consecuencias medioambientales del crecimiento económico. Se destinarán, entonces, más recursos a la investigación e implementación de energía más limpia y menos dependiente de recursos escasos.

Tal como sucedió con el desarrollo del motor ferroviario que abrió nuevas fronteras, el desarrollo de la tecnología científica para el tratamiento de enfermedades a nivel molecular, ha abierto nuevas fronteras para la medicina. Las consecuencias económicas de estos descubrimientos tendrán un impacto fuerte y positivo en las tendencias seculares a largo plazo.

Bibliografía

"Biotechnology", *Financial Times Survey*, Noviembre 27 de 2001.
BMJ, 5 de Noviembre de 2005.
Haggard, H. W., *Devils, Drugs and Doctors: The Story of the Science of Healing from Medicine-man to Doctor*, Pocket Books Inc., 1946.
Para una discusión detallada acerca del desarrollo de la nanorrobótica visite www.nanotech-now.com/products/nononewsnow/issues/003/003.htm

3
FASES BAJISTAS DEL CICLO

Dentro del análisis del ciclo se encuentra implícita la presunción de que existirán fases de bajas en el ciclo como así también fases alcistas. Esto es reflejo del mundo de la naturaleza donde los períodos de crecimiento son seguidos por períodos de descanso durante los cuales se recuperan energías. La extensión de la fase de descenso de un ciclo depende de la fuerza y duración de la fase de crecimiento. También dependerá de la medida en la que el desvío de recursos para el aprovechamiento de la fase de ascenso haya roto el equilibrio de la economía y haya creado una burbuja. Si el crecimiento, las valuaciones o los precios se han estirado demasiado, se retraerán como una pieza de elástico con un golpe despiadado. El factor golpe variará según las circunstancias detrás de la creación de la burbuja. Por ejemplo, la explosión de la burbuja de Internet en las acciones de tecnología en el año 2000, resultó en un mercado bajista durante 2 años y causó sólo una recesión superficial en los Estados Unidos (aunque algunos argumentan que las acciones de la Reserva Federal para truncar la recesión evitaron la corrección de otros desequilibrios en la economía). Por otro lado, el colapso de la burbuja de activos de Japón sumió a la economía en una década y media de crecimiento nulo en términos reales, y provocó una caída similar en el mercado accionario, durante la cual la capitalización del mercado cayó a menos de un cuarto de su valor en 1989.

Existe la visión de que un monitoreo financiero más sofisticado y la prontitud de los bancos centrales para adoptar medidas preventivas (como la drástica emisión monetaria llevada a cabo por la Reserva Federal de los Estados Unidos en el período 2000-2003) han convertido a las recesiones prolongadas en cosa del pasado. Se argumenta que el crecimiento económico puede hacer una pausa, pero las economías no experimentarán el tipo de severa tendencia bajista predicho en el ciclo de Kondratieff. Otros analistas están convencidos de que cuanto más se demore una gran recesión, más severa será cuando finalmente suceda. Como sucedió con el Banco de Japón durante la década de 1990, los bancos centrales no tendrán poder alguno para evitar la llegada de lo que a veces se conoce como "invierno económico".

9. Desequilibrios mundiales

El déficit en la cuenta corriente de los Estados Unidos

Existe una serie de desequilibrios significativos en la economía global. El que provoca mayor cantidad de comentarios es el déficit de cuenta corriente de los Estados Unidos. Tal como lo muestra la Figura 9.1, fuera de un breve bache en 1991, la cuenta corriente de los Estados Unidos ha mostrado déficit desde los primeros años de la década de 1980, y durante la última década ha sufrido un marcado deterioro.

Normalmente, cuando un país posee un saldo en su cuenta corriente, la moneda se encuentra bajo presión y las tasas de interés reales se elevan, inclinando la balanza del crecimiento lejos de la economía doméstica y hacia el sector de exportación. Pero Estados Unidos ha logrado desafiar las leyes de la economía en virtud de que el dólar constituye la moneda de reserva internacional. Durante la década de 1990, los flujos negativos del total de la balanza de pagos de los Estados Unidos sobre la cuenta corriente estaban más que compensados por los ingresos en la cuenta de capital. Los inversores extranjeros estaban dispuestos a comprar activos norteamericanos y las empresas del exterior estaban muy ocupadas adquiriendo negocios norteamericanos. Durante el período del mercado bajista entre 2000-2003, estos ingresos de capital se desvanecieron. La moneda comenzó a recibir presión entre 2002 y 2004, pero no cayó tanto como se hubiera esperado dada la gravedad del déficit en la cuenta corriente. El motivo fue el ingreso al mercado de otro tipo de compradores de dólares: los bancos centrales asiáticos.

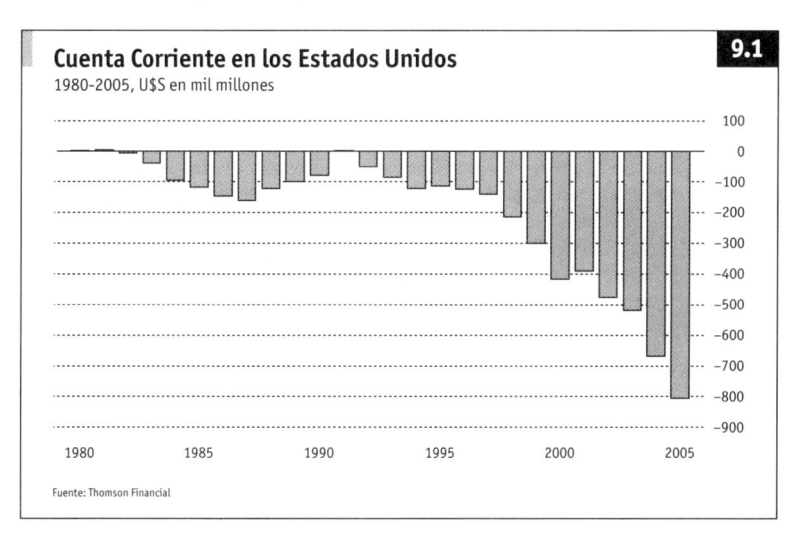

Cuenta Corriente en los Estados Unidos — 9.1
1980-2005, U$S en mil millones

Fuente: Thomson Financial

Altos niveles de ahorro en Asia

Algunos analistas, incluyendo Ben Bernanke, presidente de la Fed, han caracterizado el desequilibrio en la cuenta corriente de Estados Unidos como un problema ocasionado no tanto por la falta de ahorro en los Estados Unidos sino más bien por un exceso de ahorro en otros lugares, en particular, en las economías asiáticas. El efecto que tuvieron los bancos centrales de esos países a través de la adquisición de bonos y letras del Tesoro de los Estados Unidos, consistió en mantener las tasas de interés a largo plazo, artificialmente bajas en los Estados Unidos.

Un desequilibrio insostenible

Cualquiera sea la perspectiva desde donde se observe el déficit en la cuenta corriente de los Estados Unidos, la mayoría de los analistas concuerda en que un desequilibrio de tal magnitud, que continúa agravándose, no puede ser sostenido en forma indefinida. Requerirá de una solución global. En 1985, Plaza Accord debió resolver un problema similar, cuando los ministros de economía y finanzas del grupo de los 7 acordaron intervenir para reducir el valor del dólar, entre otras medidas. Para fines del año 1987, el valor del dólar se había devaluado un 54%, tanto frente al marco alemán como al yen, desde su pico en 1985. La movida tuvo éxito en reducir el déficit de la cuenta corriente de 3,4% del PBI en 1985 a un 1,4% en 1990. Esta vez, el problema es algo diferente. Con un estimativo de 6,4% de PBI, el déficit es el doble de lo que era en la década de 1980, y mucho de su contraparte yace en las economías asiáticas emergentes, y dada la suba abrupta en los precios del crudo, en los países exportadores de petróleo. Los países asiáticos tienen grandes excedentes comerciales, pero debido a razones políticas, se muestran renuentes a la aplicación de las políticas adecuadas para reducirlos. Básicamente, lo que se requiere para que se eleve la tasa de ahorro de los Estados Unidos es una depreciación del dólar y la estimulación del consumo interno en las economías asiáticas.

Bajo nivel de ahorro y precio de la vivienda

El incremento en el precio de la vivienda y la baja en el nivel de ahorro en los Estados Unidos y el Reino Unido, por ejemplo, son otras facetas de este desequilibrio potencialmente desestabilizador. Como muestran las figuras 9.2 y 9.3, en ambos países, los niveles de ahorros como porcentaje del ingreso disponible han seguido una tendencia bajista desde 1990. En este aspecto, los consumidores se han comportado de forma perfectamente racional al enfrentarse con los incrementos en el precio de la vivienda. Se han dado cuenta de que el valor de sus viviendas se ha incrementado, por lo que en lugar de ahorrar con sus ingresos, han acumulado ahorros en forma de capital.

El incremento en el precio de la vivienda engendra confianza en los consumidores, promoviendo que estos soliciten más préstamos (y ahorren menos) frente al mayor valor de sus viviendas. Dada la tendencia alcista en los precios de las viviendas en las últimas dos décadas, los altos niveles de endeudamiento en que incurrieron los hogares han sido sobrepasados por el valor de su propiedad y sus activos financieros. Viendo las ventajas de este círculo virtuoso de endeudamiento, se han atraído nuevos compradores al mercado de la vivienda, lo cual ha ayudado a incrementar los precios aún más. A su vez, la tendencia alcista en el sector de consumo impulsó a las empresas a incrementar sus inversiones, por lo que se incrementa el ingreso, apuntalando aún más la confianza. *

Cómo analizar el mercado 103

Los ahorros personales en los Estados Unidos como ratio de ingresos disponibles

9.2

— Ahorro personal en los Estados Unidos como porcentaje de ingreso personal disponible SADJ (escala del lado izquierdo)

— Precio medio de las viviendas unifamiliares existentes vendidas en los Estados Unidos CURN (escala del lado derecho)

Fuente: Thomson Financial

Los ahorros personales en el Reino Unido como ratio de ingresos disponibles

9.3

— Proporción de ahorro del hogar en el Reino Unido SADJ (escala del lado izquierdo)

— Índice de precio de vivienda de todas las propiedades a nivel nacional en el Reino Unido (escala del lado derecho)

Fuente: Thomson Financial

El problema surge cuando los consumidores ven que la fuente de sus ahorros, el mercado de la vivienda, comienza a perder valor. Los niveles de ahorro están ahora tan por debajo del promedio a largo plazo que si se comprobara que las viviendas ya no constituyen un depósito seguro para sus ahorros, los consumidores buscarían formas más tradicionales de ahorrar, recortando sus gastos y apartando una mayor proporción de sus ingresos. La tendencia en ambos lados del Atlántico de invertir en propiedades para alquilar implica que muchos consumidores podrían, sin pasar por el inconveniente de reducir su propias comodidades, reducir su exposición al mercado de la vivienda con un simple llamado a su agente inmobiliario. Si bien esto afectaría sólo a un segmento del mercado, los efectos se esparcirían rápidamente hacia el resto del mercado. Tanto en los Estados Unidos como en el Reino Unido, existen señales de que el mercado de la vivienda se está tranquilizando y un período de consolidación podría hacer que este desequilibrio se resuelva en forma gradual. Pero si por alguna razón los precios de las viviendas cayeran abruptamente, esto podría acarrear una retracción significativa en el gasto del consumidor que tendría serias implicancias en el crecimiento global.

Los desequilibrios económicos no necesariamente resultan en un colapso del mercado o en una crisis del crédito. Puede existir un leve ajuste a través de las fuerzas del mercado o las políticas oficiales. Pero es más fácil sostener el desequilibrio cuando una economía crece en forma sostenida. En este sentido, la economía se parece mucho a montar una bicicleta. Si el ciclista se topa con un pequeño bache, una vez que ha alcanzado una velocidad constante y cómoda, no le costará demasiado mantener el equilibrio de la bicicleta. Puede que sufra una pequeña pérdida de la velocidad mientras realiza la corrección, pero básicamente la bicicleta continúa en la misma dirección. Si lo mismo ocurre cuando el ciclista está moviéndose muy despacio o se encuentra corriendo a toda velocidad, es más probable que la bicicleta choque o vuelque. Los desequilibrios actuales, por lo tanto, representarán una amenaza para la estabilidad financiera si la economía global llegase a desacelerarse a una tasa de crecimiento mucho menor o se incrementara por encima de la tasa de la tendencia durante un período sostenido.

Bibliografía

Plummer, Tony, "A Theoretical Basis of Technical Analysis ", *Market Technician*, N° 54, Octubre de 2005.

The Potential Economic Impact of an Avian Flu Pandemic on Asia, Asian Development Bank, Noviembre de 2005.
www.adb.org/Documents/EDRC/Policy_Briefs/PB042.pdf

* N. del E.: Hacia mitad del 2007 se terminó el circulo virtuoso y comenzó una etapa similar pero inversa. Los precios de las propiedades dejaron de subir, lo que minó la confianza de los consumidores y generó incumplimientos en los préstamos y resúmenes de tarjetas. En la actualidad las empresas están reduciendo las inversiones para ajustar a la nueva realidad de los consumidores, especialmente en Estados Unidos.

10. Eventos externos

En su libro *Business Cycles: A Theoretical, Historical and Statistical Analysis of the Capitalist Process*, Joseph Schumpeter postuló que si los ciclos de corto, mediano y largo plazo estuvieran todos yendo en la misma dirección, tenderían a reforzarse unos a otros. Las posibilidades de que una economía sufra una recesión prolongada, o incluso una depresión, son obviamente mucho mayores cuando los ciclos a largo y corto plazo se encuentran ambos en la fase de descenso. Pero incluso en ese caso, no es inevitable. Una mayor comprensión de la naturaleza de los ciclos económicos y técnicas más sofisticadas para el monitoreo de la economía permiten que los bancos centrales se encuentren mejor equipados para contrarrestar la fase bajista de los ciclos. Es probable que se necesite de un factor externo adicional en la economía que dé lugar a una mayor conmoción inesperada para producir un severo descenso o "invierno económico".

Por definición, si la conmoción es inesperada, resultaría un ejercicio vano intentar especular sobre cuál podría ser la forma que va a tener dicha conmoción. El terrorismo, las guerras (tanto comerciales como físicas) y las catástrofes naturales son algunas contiendas posibles. Pero para ilustrar su impacto potencial, vale la pena considerar dos sucesos posibles: una pandemia de gripe y la escasez de agua.

Pandemia de gripe

Una enfermedad infecciosa que se dispersa por una vasta región, o incluso a nivel mundial, puede tener graves consecuencias económicas. Incluso con el beneficio de la medicina moderna, una pandemia de gripe podría tener un impacto negativo en el crecimiento económico. La variedad del virus de la gripe aviaria H5N1 puede que nunca mute a una forma que sea fácil de trasmitir al ser humano. Pero si lo hiciera, la preocupación radicaría en que el virus sería transportado por aves migratorias y, por tal motivo, podría convertirse rápidamente en un problema mundial. Si bien la ciencia médica ha mejorado casi en forma irreconocible, desde la pandemia de gripe española que durante el período 1918-1919 mató entre 20 y 40 millones de personas, todavía existen desafíos logísticos considerables para prevenir la diseminación de una infección viral de esta naturaleza. Como prueba de ello, en el año 2003 el brote del virus del SARS infectó a 8.000 personas, de las cuales murieron alrededor de 800. Según el Banco de Desarrollo Asiático (ADB), esto redujo el PBI de Asia Oriental (excluyendo a Japón) en aproximadamente U\$S 18 mil millones o 0,6%.

Además del virus de la gripe española, existieron otras dos pandemias de gripe en el siglo XX (1957-1958 y 1968-1969). El intento de calcular las posibles consecuencias económicas de una pandemia implica una cantidad compleja de variables, pero en un informe de noviembre de 2005, *The Potential Economic Impact of an Avian Flu Pandemic on Asia*, el ADB consideró dos variables posibles. Ambas presuponen una tasa de infección moderada, con un 20% de la población que sucumbe al virus y sólo el 0,5% de los infectados que muere. El primero de los escenarios supone que la pandemia es de breve duración, afectando seriamente la demanda durante seis meses y con un impacto mucho más severo durante los seis meses subsiguientes. El escenario más negativo supone que la demanda se ve seriamente afectada durante todo un año. El modelo del ADB prevé que bajo el primer escenario, la caída en la demanda como resultado del desgaste en la confianza del consumidor llegará a los U$S 99,2 mil millones o 2,3 puntos porcentuales de PBI (según el pronóstico de crecimiento para la región del ADB de, por ejemplo, 7,2% en el 2006 y 7% en el 2007); en el segundo escenario, la retracción podría alcanzar los U$S 282,7 mil millones o 6,5% de PBI. Por el lado del abastecimiento, el impacto económico de las personas incapacitadas para trabajar debido a la gripe es mucho menor: U$S 14,2 millones (0,3% del PBI); este sería el mismo en ambos escenarios ya que la presunción de la tasa de infección es común a ambos.

Los gobiernos han preparado procedimientos de emergencia para intentar limitar la diseminación de la enfermedad infecciosa. Estos incluyen la restricción de los viajes y medidas para evitar que se reúnan grupos de personas en lugares de entretenimiento o incluso restaurantes. Ya sea que se trate de la gripe aviaria o cualquier otro virus, una pandemia podría tener un impacto significativo en el crecimiento global, tal como lo muestra el modelo del ADB.

Escasez de agua

El agua es esencial para preservar la vida; sin embargo, muchas personas en el mundo occidental no la valoran. Al margen de que el cuerpo humano la necesita imperiosamente, el agua está presente en todos los aspectos de la vida: los alimentos, la salud, la energía y la industria. Dado que el agua cubre aproximadamente el 75% de la superficie de la tierra, su escasez no es un problema evidente. Pero el 96,5% del volumen total del agua de la tierra proviene del mar, y cerca del 70% del agua dulce se encuentra en glaciares y casquetes polares. En el Informe de las Naciones Unidas sobre el Desarrollo de los Recursos Hídricos en el Mundo, *Agua para todos, Agua para la vida* (2003), se estima que: "La escasez de agua afecta a 2.000 millones de personas en más de 40 países: 1.100 millones no cuentan con suficiente agua potable y 2.400 millones no tienen servicios sanitarios" (OMS/Unicef, 2000). Incluso en algunas regiones del mundo donde existe una aparente abundancia de agua, los lagos y ríos están cada vez más contaminados.

En los últimos 50 años se ha duplicado el consumo mundial de agua. El crecimiento de la población, la industrialización y el turismo creciente han provocado un brusco aumento de la demanda, mientras que el cambio climático parece reducir el suministro. El informe de la ONU es claro en su conclusión: "Los recursos hídricos están en crisis".

Sin agua se pierden las cosechas, y el hambre ha sido el catalizador de numerosas revueltas y guerras. En un estudio de la Universidad del Estado de Oregón llevado a cabo en 2001 se calcula que durante los últimos 50 años hubo 1.831 disputas por recursos hídricos entre dos o más países, de las cuales 507 tuvieron que ver con "acontecimientos relacionados con ese conflicto". La creciente competencia para obtener los limitados suministros de agua dulce inevitablemente causará disputas que podrían convertirse en conflictos con facilidad.

Las dos grandes economías emergentes, India y China, se enfrentan a una importante escasez de agua. En algunas regiones de India, el nivel freático desciende entre 1 y 3 metros por año, y muchas ciudades populosas están padeciendo escasez crónica de agua. En 2004, el estado indio de Punjab informó a los estados vecinos que cortaría el suministro de agua porque la necesitaban sus agricultores. Dentro de los próximos 20 años, es probable que el país en su totalidad enfrente una grave crisis hídrica. Para ayudar a los agricultores, el gobierno de India propuso desviar el agua desde la cuenca de los ríos Ganges y Brahmaputra hacia las regiones del sur y este de ese país. Pero ese hecho tendría un efecto perjudicial en la cantidad de agua que fluye hacia Bangladesh y, como era de esperar, el gobierno de este país se opuso enérgicamente al plan del gobierno de India para paliar sus propios problemas. En 2003, la ONU creó la Water Cooperation Facility con el fin de mediar en disputas internacionales de esa índole.

A más largo plazo, es probable que la escasez de agua no sea un impedimento para el crecimiento mundial. Existe una sólida industria desalinizadora, que convierte el agua de mar en agua dulce y que produce menos del 1% de la demanda mundial de agua dulce. Será necesario que se investiguen los factores ecológicos de los subproductos tóxicos generados por dicho proceso antes de que la industria esté preparada para satisfacer una proporción mucho más significativa de la demanda mundial de agua, pero se estima que probablemente la industria desalinizadora se duplique en los próximos 15 años.

Con el tiempo, las técnicas de desalinización y las de reciclaje mejoradas podrían convertirse en un impulso positivo para la economía mundial. Pero en el mediano plazo, la escasez de agua es un factor externo potencialmente adverso ya que tiene una consecuencia negativa directa: afecta gravemente a la industria agrícola. Por ejemplo, se calcula que la sequía que azotó a Europa en 2003, representó una pérdida en la producción de cosechas estimada en 13.000 millones de dólares. Pero las consecuencias indirectas podrían ser incluso más perjudiciales si la disputa cada vez más feroz por este recurso esencial, provocara conflictos.

Resumen

Si bien el comienzo de una grave recesión económica en la próxima década no es de ninguna manera inevitable, la presencia de desequilibrios tan grandes en la economía mundial es preocupante. La decisión de emergencia de inyectar liquidez al mercado tomada por la Reserva Federal de los Estados Unidos entre 2001 y 2003, cuando las tasas a corto plazo bajaron del 6,5% al 1%, junto con comentarios que se hacían en ese momento, demuestra que las autoridades estaban sumamente preocupadas ante la posibilidad de que la economía de ese país sucumbiera a presiones deflacionarias similares a las que atraparon a la economía japonesa durante 15 años. El motivo de la preocupación es que los riesgos para las autoridades monetarias son asimétricos. Cuando una economía se recalienta y la inflación comienza a subir, las tasas de interés son una herramienta efectiva para revertir ese proceso. Pero cuando una economía entra en deflación, una vez que las tasas nominales de interés llegan a cero, no hay nada más que las autoridades puedan hacer en términos monetarios. (En efecto, con caídas en los precios y tasas de interés en cero, las tasas reales de interés presentan una tendencia alcista.) Aun en ese caso, se pueden poner en práctica medidas fiscales pero, como han demostrado los sucesivos paquetes de estímulo que se introdujeron en Japón, la política fiscal no es un incentivo eficaz para la demanda cuando la confianza de los consumidores está por el suelo.

Si los actuales desequilibrios continúan sin control cuando los ciclos de cuatro y diez años tiendan a bajar en el período 2009-2010, la economía mundial será vulnerable a fuerzas recesivas. Sin embargo, incluso en ese caso, dicha vulnerabilidad no implica necesariamente que habrá recesión. Teniendo en cuenta los riesgos, las autoridades harán todo lo posible para evitar un período prolongado de depresión económica. Por lo tanto, será necesario que haya algún otro catalizador para que una tendencia cíclica bajista normal, que puede ser atenuada por la política monetaria, se convierta en un feroz espiral descendente que sea inmune a la astucia de las autoridades financieras.

Bibliografía
Asian Development Outlook, Asian Development Bank, 2006.
The Earth Policy Institute, www.earth-policy.org
"The Global Implications of an Asian Flu Pandemic", *World Economic Outlook*, International Monetary Fund, Washington, DC, Abril de 2006.
Water for People, Water for Life, United Nations World Water Development Report, UNESO Publishing/Berghahn Books, 2003.

4

CÓMO DETERMINAR LA ORIENTACIÓN DEL MERCADO

Un fuerte crecimiento económico no siempre representa una tendencia alcista constante en el mercado bursátil de un país. De la misma manera que un pequeño bote no puede avanzar demasiado cuando enfrenta un viento fuerte aunque tenga corriente a favor, un país que presenta una tendencia secular positiva no siempre verá que su mercado bursátil supera la de otros mercados, incluso de los que registran una tendencia secular negativa. Existen tres motivos que explican ese hecho:

❖ Los factores estructurales pueden impedir que la bolsa de valores funcione normalmente. China se encuentra en esa categoría. Si bien se estima que la economía creció un 9,3% en 2005, el índice de acciones "A" de la bolsa de Shangai cayó el 8,27%.
❖ Puede existir una reevaluación de los factores que relacionan el mercado bursátil con la economía subyacente, tales como el índice de ingresos o la participación en las ganancias como proporción del PBI (producto bruto interno).

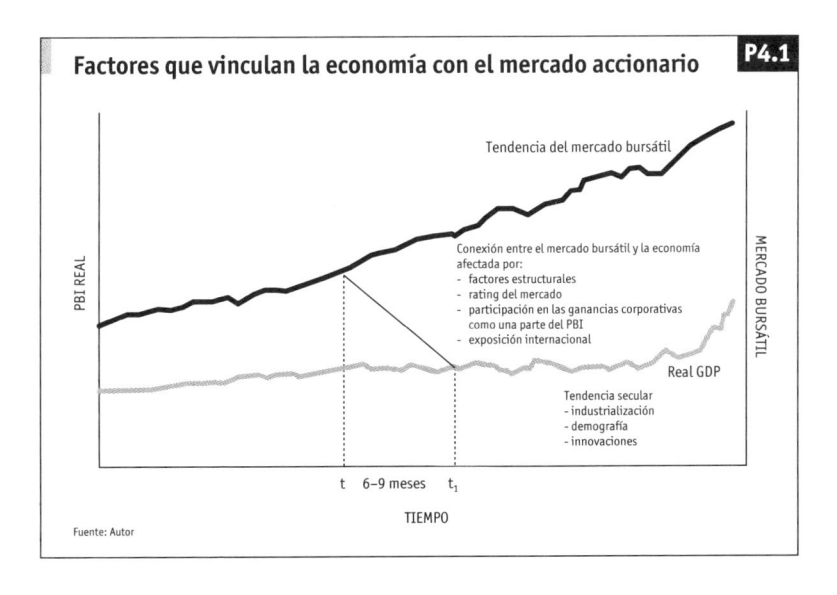

Factores que vinculan la economía con el mercado accionario — P4.1

Tendencia del mercado bursátil

Conexión entre el mercado bursátil y la economía afectada por:
- factores estructurales
- rating del mercado
- participación en las ganancias corporativas como una parte del PBI
- exposición internacional

Real GDP

Tendencia secular
- industrialización
- demografía
- innovaciones

PBI REAL / MERCADO BURSÁTIL

t 6–9 meses t_1

TIEMPO

Fuente: Autor

❖ Las ganancias de las compañías cotizadas en una bolsa específica ya no son sólo el reflejo del rendimiento de su economía interna. Como resultado de la creciente tendencia hacia la globalización, las empresas están cada vez más expuestas a los mercados extranjeros; por ese motivo, la brusca caída de un importante socio comercial podría tener un impacto negativo en el comportamiento de una bolsa de valores. Cuanto mayor sea la proporción de las ganancias que provienen de mercados extranjeros, más incidirán en una bolsa el crecimiento mundial y los sucesos internacionales.

No obstante, aun teniendo en cuenta posibles distorsiones, suele haber una correlación positiva entre los cambios que se producen en el crecimiento del PBI y el comportamiento de una bolsa. Las tendencias alcistas de una economía con una tendencia secular positiva, por lo general serán más pronunciadas; y las tendencias bajistas serán más superficiales de las que se presentan en un mercado con una tendencia secular sumamente negativa.

Definir la dirección que tomará un mercado en el futuro supone estudiar la tendencia secular a largo plazo, evaluar los factores que relacionan la economía subyacente con la bolsa de valores y, por último, analizar las tendencias que existen dentro del mercado mismo. En la Parte 4, se analiza el lugar donde se encuentran los principales mercados en relación con los itinerarios explicados en la Parte 1. También se analiza qué sectores de esos mercados pueden tener mayor rendimiento.

11. Mercado de valores

La oscilación del Oeste al Este comenzó hace algún tiempo, pero lleva un largo período acumular la fuerza necesaria para el crecimiento durante la industrialización, y esa fuerza suele presentarse en una serie de oleadas o ciclos. Para pasar de una categoría emergente a una fuerza económica dominante, una economía debe lograr una masa crítica. Pese a que China e India están haciendo crecer esa masa rápidamente, sus mercados bursátiles todavía están lejos de reemplazar a los Estados Unidos en su rol de metrónomo financiero mundial que marca el ritmo de la mayor parte de los mercados bursátiles del mundo. Durante la próxima década, por lo menos, el mercado estadounidense continuará marcando las pautas para las acciones mundiales, excepto en Japón, que está saliendo a flote de una tendencia bajista que duró 15 años, según su propio ritmo de recuperación. El resto de las bolsas de valores mundiales, no se moverá en exacta sincronización con los Estados Unidos. El ciclo de elecciones presidenciales marca un ritmo fijo de cuatro años para el mercado estadounidense pero, en otros lugares, los ciclos individuales pueden variar entre tres y cinco años.

Estados Unidos
Con una tasa de natalidad cercana a la tasa de reemplazo del 2,1% y una gran afluencia de trabajadores inmigrantes, se prevé que la población de los Estados Unidos se incrementará aproximadamente en 70 millones en los próximos 25 años. Por lo tanto, las tendencias demográficas generales son más favorables en ese país que en otros países desarrollados. Sin embargo la generación del *baby-boom* alcanzó la edad crítica de 45 a 49 años en el 2000, y en 2010 dos tercios de esa generación tendrá más de 50 años.

A medida que la gran generación del *baby-boom* quede fuera del grupo de alto consumo, existen consecuencias para uno de los factores que relaciona la economía subyacente con el mercado bursátil: la calificación que el mercado

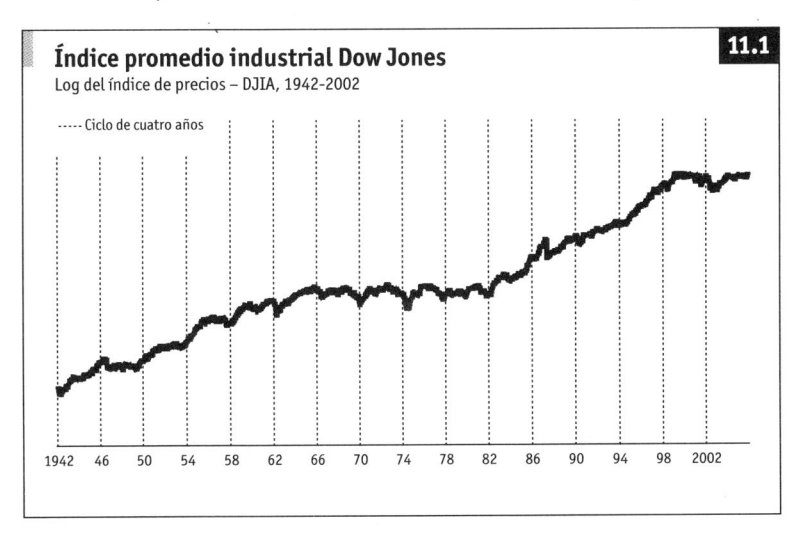

Índice promedio industrial Dow Jones — 11.1
Log del índice de precios – DJIA, 1942-2002

----- Ciclo de cuatro años

asigna a los ingresos. (Existe un gran debate entre los analistas acerca de cuál de las diferentes definiciones de ingresos proporciona el mejor criterio corporativo, pero lo importante es ser coherente para ubicarse respecto del lugar que ocupa el mercado bursátil en relación con la economía subyacente. En este libro se utilizan ingresos históricos.) Las intensas fuerzas demográficas fueron uno de los factores que ayudaron a elevar la relación precio/ingresos (P/E) al final de la burbuja de los 90. Al igual que muchas otras variables, los índices de los mercados suelen moverse en ciclos a largo plazo, y las experiencias de la década de 1960 dan una sana lección respecto de qué puede pasar cuando los índices se tornan demasiado optimistas en el pico del ciclo.

Como se puede observar en la Figura 11.1, inmediatamente después de la Segunda Guerra Mundial el mercado bursátil de los Estados Unidos despegó; ése fue el auge que culminó en la burbuja financiera conocida como *nifty-fifty*. La reconstrucción de Europa y la industrialización de Japón suministraron una contracorriente secular positiva tanto para la economía como para el mercado. En ese momento, un joven llamado Warren Buffett era aleccionado por su mentor y gurú de mercados bursátiles Benjamin Graham, cuyo consejo preponderante era comprar una acción a una relación P/E de 8 y venderla cuando esa relación subiera a 15. Pero, en abril de 1971, el mercado cotizaba en un múltiplo de 20,42, lo que destacó el hecho de que no existen parámetros fijos para la relación P/E.

En 1966, el índice Dow Jones alcanzó el mágico nivel de 1.000 —un nuevo *high watermark*— antes de que volviera a bajar. Rallies posteriores llevaron al mercado a ese nivel en cuatro ocasiones diferentes, pero nunca logró superarlo durante un período sostenido. Pasaron cuatro ciclos de cuatro años y parte de la siguiente fase alcista (17 años en total) antes de que la barrera de 1.000 fuera ampliamente superada. Aún a mediados de 1982, el Dow Jones se encontraba 22% más bajo que el récord de 1966 y, en los años intermedios, el nivel soporte de 760 fue puesto a prueba seis veces. En una ocasión —en 1973— ese nivel de soporte se desplomó y desde el techo del ciclo en 1972 hasta su piso más bajo en 1974, el mercado perdió el 45% de su valor. Claramente, una estrategia de inversión pasiva durante dicho período, hubiera sido un desastre. Incluso una política

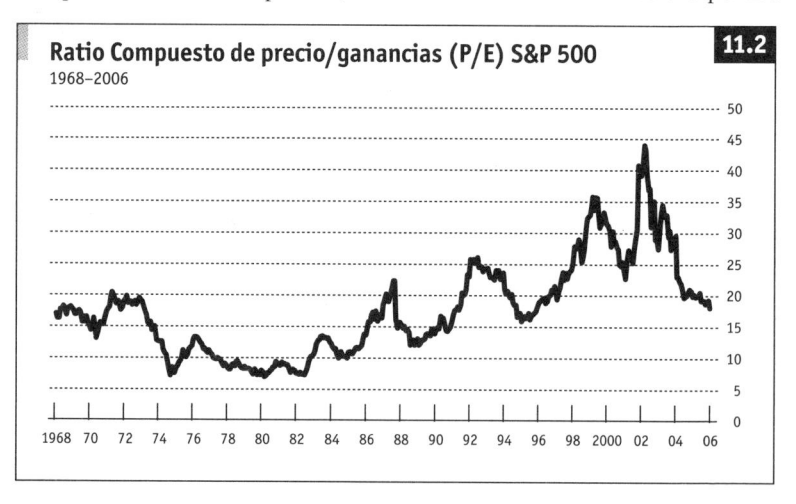

Ratio Compuesto de precio/ganancias (P/E) S&P 500   **11.2**
1968–2006

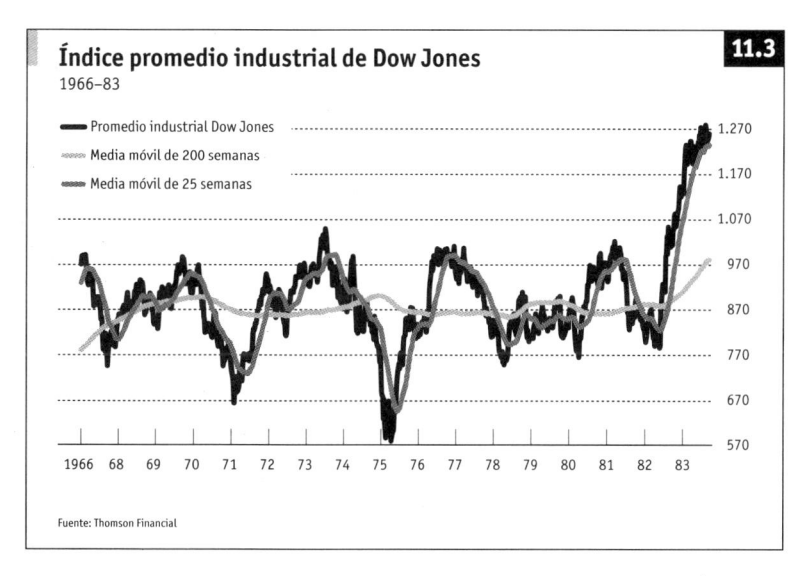

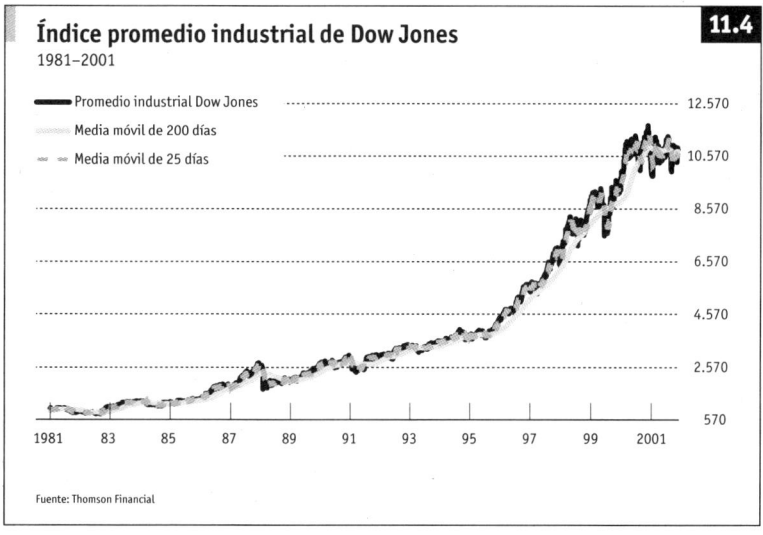

Índice promedio industrial de Dow Jones
1966–83

11.3

- Promedio industrial Dow Jones
- Media móvil de 200 semanas
- Media móvil de 25 semanas

Fuente: Thomson Financial

Índice promedio industrial de Dow Jones
1981–2001

11.4

- Promedio industrial Dow Jones
- Media móvil de 200 días
- Media móvil de 25 días

Fuente: Thomson Financial

más proactiva habría arrojado resultados atroces, a menos que el inversor entendiera el carácter cíclico de los mercados y pudiera determinar el momento oportuno para hacer transacciones.

Como se puede observar en la Figura 11.3, el índice Dow Jones marcó las pautas de las tendencias alcistas y bajistas que caracterizan una tendencia descendente secular. La fase alcista es reducida, mientras que la fase bajista del ciclo es relativamente larga, con una desalentadora tendencia a alcanzar niveles mínimos más bajos (como ocurrió en los tres primeros ciclos). Durante ese período, las ganancias, no sólo se incrementaron mínimamente en términos reales, sino que también hubo una importante reevaluación de la calificación que el mercado aplicó a esas ganancias. El rating del mercado había subido hasta tal punto que tenía que haber cierta deflación de la burbuja financiera y, como se puede observar en la Figura 11.2 de la 110 anterior, la relación P/E presentó una tendencia bajista entre 1971 y 1982. No cayó en línea recta, pero descendió cada vez más ciclo tras ciclo. En 1974, se redujo a una cifra de un solo dígito antes de repuntar, pero en el ciclo siguiente volvió a caer y en 1982, el mercado todavía operaba en un múltiplo que era un cuarto de lo que había sido en 1966.

Impulsada por la revolución tecnológica se inició una nueva tendencia secular ascendente en 1982, y continuó hasta 2000. Durante ese tiempo, el índice subió un 1.391%. El patrón de tendencias alcistas y bajistas dentro de la tendencia ascendente se ajustó perfectamente al de un mercado de tendencia secular ascendente. El ratio P/E también registró nuevos picos ciclo tras ciclo, hasta que llegó a un punto máximo de 46 en 2001.

Se puede argumentar que el pico de la burbuja en 2000 trajo a la memoria el récord bursátil ocurrido a fin de la década de 1960. En los dos períodos hubo un movimiento similar antes del récord. En el índice S&P 500, el período del auge que abarcó desde 1980 hasta 2000, se asemejó al movimiento alcista que tuvo lugar entre 1945 y 1966, mientras que la tendencia bajista desde 1968 hasta el mínimo en 1970 (véase la Figura 11.5) fue equivalente al movimiento bajista que se registró desde 2000 hasta finales de 2002 (véase la Figura 11.6).

Hubo una corrección en la relación P/E desde el pico de 2001, pero todavía se mantiene por encima de la tasa de tendencia de 18, y lo que preocupa es que el próximo ciclo descendente la llevará muy por debajo de la tasa de tendencia. Las ganancias corporativas de los Estados Unidos representan la proporción del PBI más alta desde la década de 1960 y, según ese criterio, también puede haber lugar para algunos ajustes adicionales descendentes en el rating del merca-

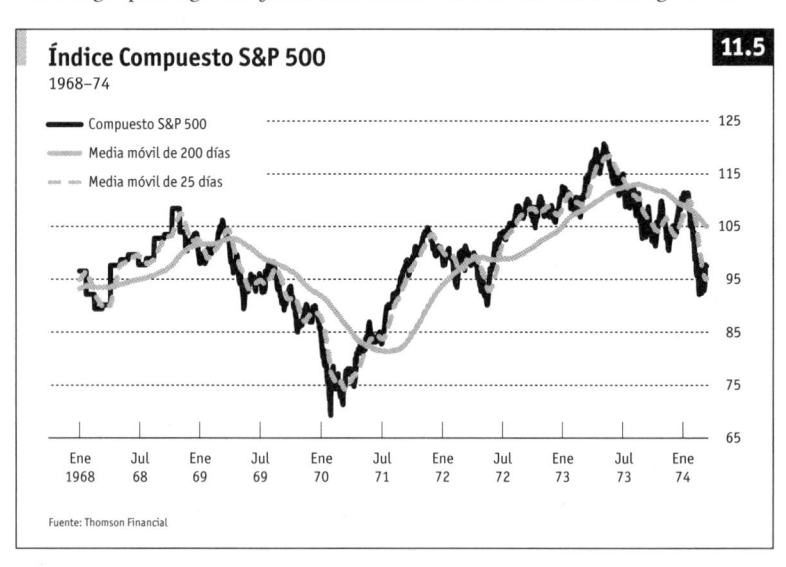

Índice Compuesto S&P 500
1968-74

11.5

Compuesto S&P 500
Media móvil de 200 días
Media móvil de 25 días

Fuente: Thomson Financial

Índice Compuesto S&P 500
2000-06 — **11.6**

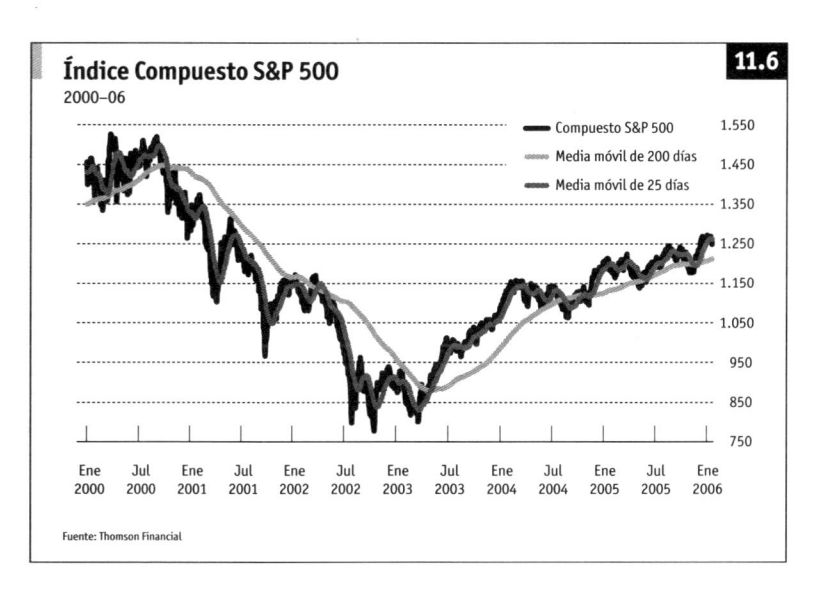

- Compuesto S&P 500
- Media móvil de 200 días
- Media móvil de 25 días

Fuente: Thomson Financial

do. También hay desequilibrios económicos evidentes en la economía de los Estados Unidos, tales como el déficit de cuenta corriente, los bajos ahorros de los hogares y una burbuja inmobiliaria (como se describe en el capítulo 9). Si esos factores comienzan a descontrolarse, reforzarán la presión descendente sobre el índice del mercado. Si la experiencia del pasado sirve de guía, completar el proceso de corrección podría llevar varios años.

Otro aspecto adverso en el mapa del mercado bursátil estadounidense es que la base de producción todavía necesita aceptar el proceso de industrialización que tiene lugar en China y en otros países en vías de desarrollo. Para compañías tales como General Motors, la antigua AT&T, US Steel y Kodak, es difícil enfrentar el reto que representa el panorama de una economía en proceso de cambio. Nuevos productos, nuevos métodos de producción y costos de mano de obra más bajos, han colocado a sus rivales asiáticos en una posición de ventaja, y esos gigantes estadounidenses corren el riesgo de convertirse en dinosaurios industriales. Las empresas norteamericanas tendrán que sufrir un difícil proceso de reestructuración a medida que se distancian de las industrias de producción –donde los países en vías de desarrollo cuentan con una relativa ventaja– en pos de una economía más enfocada en los servicios.

Como se muestra en la Figura 11.1 de la página 111, a excepción de 1986, el mercado bursátil de los Estados Unidos apenas ha tambaleado en el ciclo de cuatro años, evidenciando bajas cíclicas en 1962, 1966, 1970, 1974, 1978, 1982, 1990, 1994, 1998 y 2002. Ese hecho sugiere que el 2006 será un año de prueba para los inversores. El problema para el mercado estadounidense es que la caída natural de los ciclos podría dejar en evidencia los desequilibrios que se han producido dentro de la economía. Las autoridades tienen plena conciencia de los riesgos económicos de fondo y harán lo posible para mitigar las presiones desfavorables. Sin embargo, en 2010 la fase bajista del ciclo de cuatro años coincidirá con la del ciclo de diez años y, si los desequilibrios mundiales no se han compensado para ese entonces, podría haber una fase bajista del ciclo especialmente grave. La caída natural en una tendencia secular bajista es aproximadamente del 25%, pero durante la crisis económica de 1973 y 1974, los títulos cayeron un 45%. A menos que exista algún otro factor externo negativo (tal como una epidemia mundial de la variante humana de la gripe aviar), es muy poco probable, incluso en el caso de que una de las próximas fases bajistas del ciclo resulte ser tan adversa como en 1973 y 1974, que provoque el comienzo de una prolongada recesión económica similar a la que sufrió Japón. No obstante, en ese momento, sin duda habrá un profundo pesimismo acompañado por alarmantes predicciones respecto de que una depresión similar a la de la década de 1930, las fuerzas combinadas de la industrialización y la innovación ya estarán comenzando a crear una poderosa corriente subyacente que impulsará la próxima tendencia secular alcista. Además, en 2012, la generación eco (los hijos de la generación *baby-boom*) alcanzará su primer período de alto consumo.

Como entre 1966 y 1983, el próximo par de ciclos no será el momento oportuno para que los inversores adopten la estrategia de compra pasiva ni tampoco para desprenderse de todas sus acciones. El mercado gozará de algunos rallies, y en el momento apropiado, los inversores en acciones que estén relacionados con las nuevas tecnologías o se beneficien con la industrialización que tiene lugar en otras regiones del mundo realizarán, en algunos casos, grandes ganancias.

Japón

Durante la etapa de crecimiento de Japón, en la década de 1980, hubo una estrecha correlación entre el mercado bursátil de los Estados Unidos y el de Japón. Pero esa conexión se interrumpió cuando explotó la burbuja de acciones, en 1989; por ese motivo, Japón es el único mercado importante que no se ha movido en completa sintonía con el ciclo estadounidense.

La burbuja que se produjo en los activos japoneses durante la década de 1980 distorsionó el vínculo que existía entre la economía y el mercado accionario, y llevó los ratings a niveles astronómicos (la relación P/E en el índice Nikkei 225 llegó a 76 en junio de 1987). Desinflar la burbuja fue un proceso sumamente largo debido a las ineficiencias estructurales de la economía. La estructura demográfica negativa (véase el capítulo 6) hará que dicha economía vuelva a tener una tendencia secular bajista, pero puede ser que este hecho se demore mientras la generación *baby-boom* japonesa, aunque bastante pequeña, permanezca en la fuerza laboral, ya que comenzarán a jubilarse en 2010.

A corto plazo es probable que al salir del estado de hibernación de 15 años, la economía haga subir más la bolsa de acciones. El mercado bursátil de Japón es el segundo en importancia a nivel mundial; sin embargo, durante la mayor parte de la última década y media, los gerentes de finanzas internacionales redujeron al mínimo su cartera de acciones japonesas. Cuando el mercado comenzó a recuperarse, en 2005, lucharon por devolverle a ese gran mercado un valor más apropiado. En los próximos años, las fases alcistas del ciclo pueden ser mucho más sólidas de las que, por lo general, se relacionan con un mercado con tendencia secular bajista, dado que los inversores internacionales continúan reestableciendo su exposición al mercado japonés. Ese efecto de recuperación será aún más marcado si los inversores de ese país vuelven al mercado, pero una vez que el desenfreno por comprar haya seguido su curso, es probable que Japón tenga un rendimiento menor que la mayoría de las otras bolsas.

Índice Nikkei 225
1990–2005

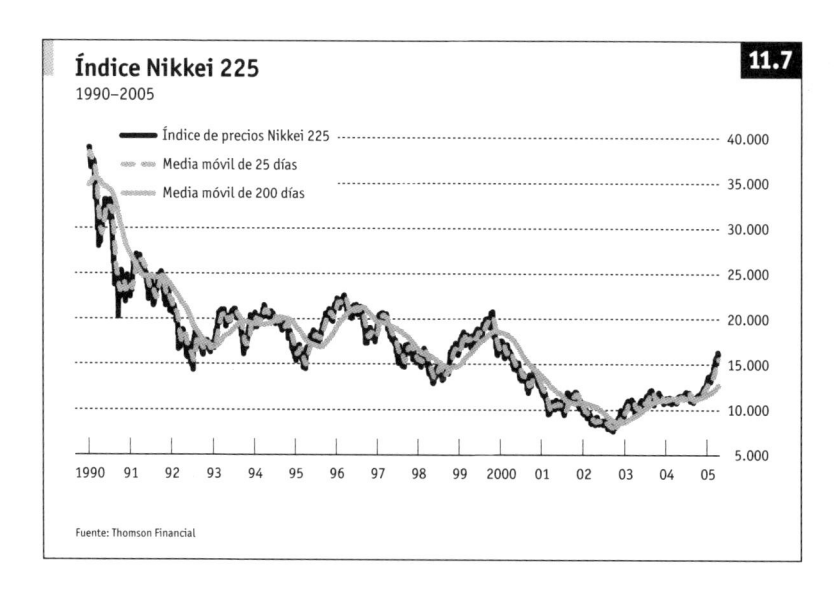

11.7

- Índice de precios Nikkei 225
- Media móvil de 25 días
- Media móvil de 200 días

Fuente: Thomson Financial

Reino Unido

El efecto *baby boom* que tuvo lugar en el Reino Unido fue mucho menor al que se vivió en Norteamérica; por lo tanto, cuando esa generación deje atrás su etapa de alto consumo, la desaceleración económica será diferente de la que se verá en los Estados Unidos. Pero eventualmente, el efecto negativo de una población que envejece impactará desfavorablemente en la economía. En el mediano plazo, la economía británica se encuentra bien posicionada para enfrentar los desafíos que la industrialización de las economías subdesarrolladas inevitablemente acarreará al mundo occidental.

Los fabricantes del Reino Unido padecieron una profunda crisis económica en la década de 1980, y hubo un gran cambio hacia una economía más enfocada en los servicios. Las relaciones históricas con Asia Oriental, permitieron a las compañías crear con bastante facilidad lazos comerciales con esa región del mundo que crece rápidamente. Una cantidad considerable de las principales compañías británicas participan en los mercados de *commodities* o en los sectores del mercado que están a la vanguardia de los cambios tecnológicos.

En un nivel de 15, el índice del mercado se encuentra apenas por encima de la tasa de tendencia secular de 14, y en lugar de factores internos, es probable que sea la exposición de la economía del Reino Unido a los Estados Unidos la que arrastre dicha tasa a un nivel inferior. Ponderado por el valor del mercado, aproximadamente un cuarto de las compañías británicas pagan sus dividendos en dólares, hecho que refleja, o bien que dichas compañías dependen de los ingresos de los Estados Unidos, o bien la naturaleza de sus negocios. Por lo tanto, es lógico que el mercado bursátil del Reino Unido marche al mismo ritmo que el de los Estados Unidos aunque, a veces, con una ligera demora. Por ejemplo, el mercado estadounidense tocó fondo en octubre de 2002, mientras que en el Reino Unido la baja ocurrió seis meses más tarde, en marzo de 2003. Dada su dependencia de la economía estadounidense, el mercado británico no puede permanecer inmune a cualquier corrección hecha del otro lado del Atlántico. Sin embargo, dada la estructura de la economía británica, es probable que cualquier desaceleración económica sea seguida por marcados repuntes del mercado.

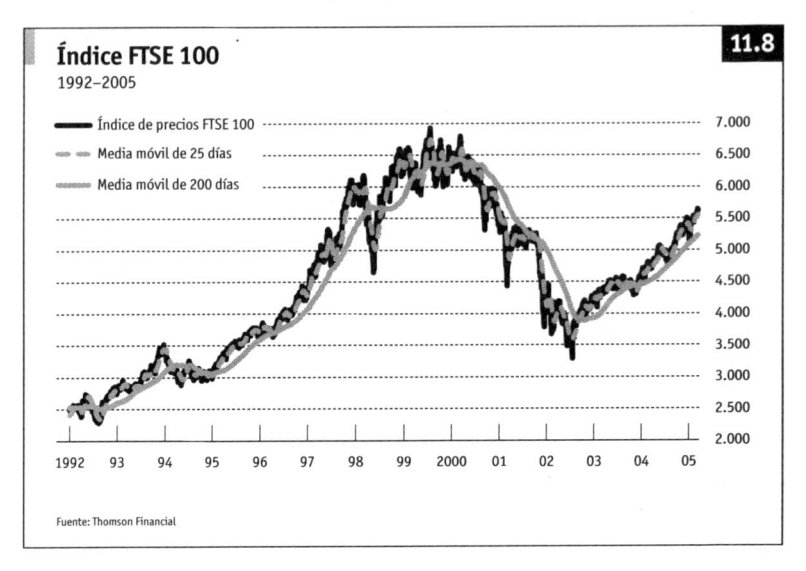

Índice FTSE 100
1992-2005

- Índice de precios FTSE 100
- Media móvil de 25 días
- Media móvil de 200 días

Fuente: Thomson Financial

Europa

La demografía negativa de Europa se ve agravada por problemas estructurales. En la Unión Europea, los políticos no han acertado en el programa para el proyecto "Europa Unida". La política monetaria "talle único" está demostrando no ser la adecuada para los países de la región del euro que no van a la par de la mayoría, mientras el Pacto de Estabilidad y Crecimiento se ha desbaratado después de que Alemania, impulsor de dicha política, fuera uno de los primeros países en quebrantar sus reglas.

Un país como Alemania, que cuenta con una gran base de producción, se ve frente al desafío directo que representa la creciente industrialización de Asia Oriental. Fidelity International realizó una clasificación de las diez multinacionales europeas más importantes (excluyendo a las compañías británicas) según la capitalización bursátil en 1985 y 2005. En 1985, siete de esas multinacionales eran alemanas, pero en 2005, no apareció en la lista ni una sola compañía de ese país. Suiza, que en 1985 tuvo sólo una compañía en la lista, contó con cuatro en 2005. Aunque las listas muestran cierta actividad de fusión y absorción (por ejemplo, Daimler Benz se fusionó con Chrysler y Hoechst fue comprada por Sanofi-Aventis), el cambio que tuvo lugar durante la última década describe sucintamente los problemas que enfrenta el sector corporativo alemán a medida que la ingeniería pesada pierde terreno frente a la competencia de Asia Oriental. Además, destaca la creciente importancia de los sectores farmacéutico y de telecomunicaciones.

Para beneficiarse con la industrialización de las economías en desarrollo, los países europeos deben ser dinámicos y crear capital intelectual por medio de la innovación. En ese sentido, aun la Comisión Europea acepta que la Unión

Europea (UE) se encuentra muy por detrás de los Estados Unidos y Japón. Dicho organismo ha desarrollado el European Innovation Scoreboard (Marcador Europeo de Innovación; EIS, por sus siglas en inglés), que compara el nivel de innovación en los 25 países miembros de la UE, como así también en Bulgaria,

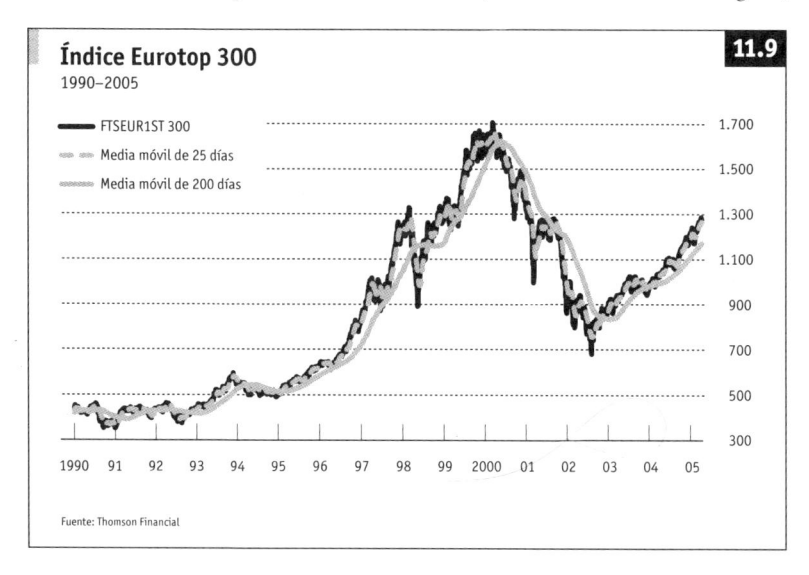

Índice Eurotop 300 — 11.9
1990-2005

- FTSEUR1ST 300
- Media móvil de 25 días
- Media móvil de 200 días

Fuente: Thomson Financial

Rumania, Turquía, Islandia, Noruega, Suiza, los Estados Unidos y Japón. Según el EIS de 2005, hay una gran disparidad entre los estados europeos; entre ellos, Suecia, Finlandia y Suiza van a la cabeza cuando se trata de innovación. En el informe de la Comisión se llega a la conclusión que si las actuales tendencias para los 25 estados miembros de la UE se mantienen estables, la brecha con los Estados Unidos no se cerrará dentro de los próximos 50 años. Mientras tanto, entre los 25 miembros de la UE y Japón, la distancia es cada vez mayor. Uno de los motivos por los que Europa se demora en aceptar los cambios y las innovaciones es que el ambiente regulador no favorece la cultura de asumir riesgos y de poner en marcha nuevas empresas. Los problemas con los que se ha encontrado el gobierno francés al intentar cambiar las leyes laborales del país para reducir los altos niveles de desempleo juvenil, son un buen ejemplo de la intransigencia que, a menudo, se encuentra en la "vieja Europa".

Europa en su conjunto puede estar en un itinerario adverso, pero es probable que algunos países tales como Noruega (que no forma parte de la U.E.), donde el sector petrolero es un aspecto tan predominante de la economía, muestren un rendimiento muy superior.

Aunque los mercados bursátiles europeos seguirán casi el mismo rumbo del mercado estadounidense, hay una correlación menor de la que solía haber porque cerca de tres cuartos del comercio europeo en la actualidad, se lleva a cabo entre otros países de ese continente. El índice FTSE Eurotop 300 demoró en recuperar el 50% del terreno perdido desde su pico en el año 2000; por lo tanto, al igual que en el mercado japonés, aún puede quedar algún otro "factor de recuperación" pendiente en términos de rendimiento relativo, comparado con otros índices importantes, especialmente desde que en el año 2000, una ola de fusiones y absorciones desencadenó una reestructuración drástica del sector corporativo. Sin embargo, cualquier venta llevada a cabo en el mercado de Nueva York producirá tendencias bajistas prolongadas en los índices europeos, a las que probablemente sigan débiles repuntes durante las fases alcistas del ciclo.

China
El crecimiento económico no se trasladó al mercado accionario de China. El bloque masivo de acciones no comerciables en manos del estado actuó como un corsé sobre los precios de las acciones. Una inversión de U$S 100 en acciones A de Shangai a mediados de 2001, valía sólo U$S 49 a finales de 2005. En este mercado, el hecho de que el crecimiento demográfico negativo, debido a la política de un solo hijo por familia, se compense económicamente en el corto plazo por el enorme aumento de la urbanización, resulta irrelevante en términos de desempeño del mercado accionario.

Las limitaciones estructurales fueron, de lejos, las que tuvieron mayor influencia sobre el mercado. Como se puede observar en la Figura 11.10, la correlación entre el mercado chino y el ciclo de los Estados Unidos es escasa, particularmente después del pico de 2001. El gobierno de Beijing dijo que tenía la intención de reducir la participación del gobierno en las empresas, pero resulta difícil predecir cómo se puede lograr esto sin crear cierta perturbación en el mercado. Para saber qué acciones tendrán un mejor desempeño en un "mercado accionario socialista con características chinas" es necesario tener un conocimiento detallado de las empresas involucradas, pero también de la forma en que opera el mercado en su conjunto. Algunos gerentes de finanzas tienen el conocimiento necesario para seleccionar cuidadosamente las acciones en las bolsas de China, pero muchas firmas dedicadas a la venta de productos de inversión vinculadas al mercado accionario de dicho país podrían no tenerlo. Los inversores que

Índice de acciones A de Shanghai | **11.10**
1995–2005

— Índice de acciones A de Shanghai
— Media móvil de 25 días
— Media móvil de 200 días

Fuente: Thomson Financial

deseen montar la cola del dragón chino deberían, o bien buscar un buen especialista en finanzas o invertir en compañías internacionales que se beneficien de la tendencia al crecimiento.

India

Posee un mercado accionario bien establecido, con muchas más empresas cotizantes que China, y se permite el libre comercio de acciones. Pero su principal ventaja en comparación con China es que se trata de una democracia, y esta flexibilidad política puede hacer que resulte más sencillo negociar los desafíos que enfrenta inevitablemente una sociedad en transición. Aun teniendo en cuenta el hecho de que durante los 90, India se desenvolvió en un mapa de ruta bastante chato, mientras que Estados Unidos tuvo una inclinación ascendente; India siguió el ritmo subyacente del ciclo de cuatro años de Estados Unidos. El análisis del desempeño del mercado accionario indio demuestra que el estudio de los gráficos puede ayudar a identificar cuándo los mercados están atravesando cambios de tendencia importantes. El índice Sensex llegó a 4.546 el 2 de marzo de 1992, y por tres ciclos consecutivos de cuatro años se mantuvo bastante chato. El ciclo que comenzó en 1998 llegó a una nueva alza de 6.150 en 2000 (este pico no resulta evidente en la Figura 11.11 dado que los números se redondearon), y aunque el mercado luego retrocedió, el movimiento alrededor de 4.500 (que definió el parámetro más alto de la tendencia lateral) fue la primera señal de que el mercado podría estar a punto de entrar en una tendencia alcista secular. Ni siquiera las más poderosas tendencias seculares se mueven en línea recta, e influenciado por el desarrollo de los Estados Unidos, es probable que se produzca algún retroceso antes de que el próximo ciclo de cuatro años se afiance. Pero el mercado indio se encuentra con una tendencia alcista secular afianzada y la historia demuestra que, una vez establecida, la tasa de aumento se destaca por su persistencia.

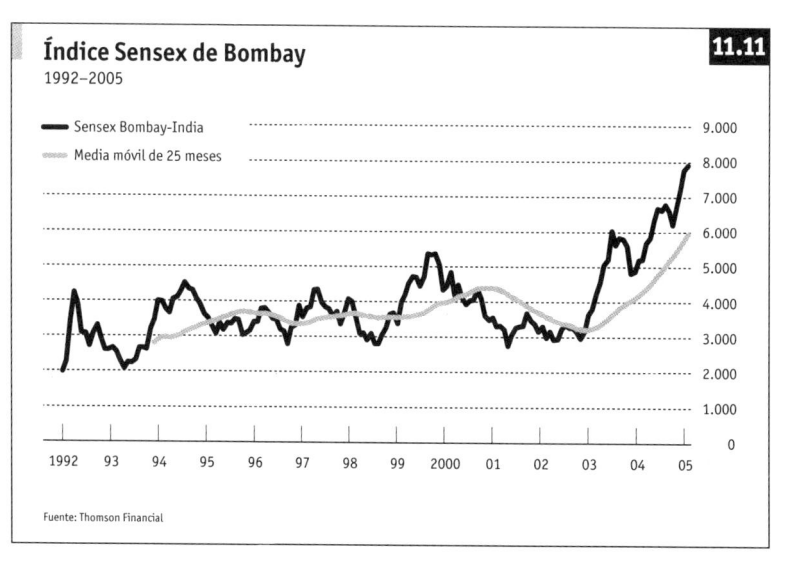

Índice Sensex de Bombay — 11.11
1992–2005

- Sensex Bombay-India
- Media móvil de 25 meses

Fuente: Thomson Financial

Hay otros dos factores que deberían aumentar el ímpetu de la fase alcista del ciclo:

- ❖ El mercado indio llegará a representar un coeficiente de ponderación creciente en el índice bursátil mundial, lo que significa que los fondos que sigan la pista del índice global estarán forzados a aumentar su exposición al mercado, lo cual reforzará la tendencia alcista.
- ❖ La calificación crediticia que puede sostener el mercado, en términos de relación precio-ganancia (P/G), impulsada por la inversión en la infraestructura de la India, será superior a su nivel actual de 13.8. En esta instancia, esto probablemente justificará una calificación superior en comparación con otros mercados emergentes.

Los mercados que se encuentran con tendencias alcistas seculares, son susceptibles de sufrir burbujas de inversión similares a las que se produjeron en Japón a finales del auge de los 80. El período más probable en el cual puede ocurrir esto en India es 2014-2020. Durante este período bien se puede sugerir que India es capaz de convertirse en la fuerza económica global dominante (al igual que algunos analistas predijeron en los 80 que Japón superaría a los Estados Unidos). El mercado, entonces, dará por sentado un escenario económico que excederá de lejos lo que India puede dar en realidad –que es la manera en que comienzan todas las burbujas– y los precios de las acciones subirán casi verticalmente. Es posible que después de que se produzca semejante burbuja de inversión, India (y algunos de los otros mercados emergentes que también hayan experimentado burbujas especulativas) pueda seguir la misma hoja de ruta que Japón, después de 1989.

Pero para entonces el mundo será totalmente distinto. Los problemas y preocupaciones políticas de los países occidentales probablemente ya no serán la fuerza dominante de la economía global.

11.12 India: relación total precio de mercado/ganancias
1990–2005

Fuente: Thomson Financial

Bibliografía
Evaluating and Comparing the Innovation Performance of the United States and the European Union, European Commission, 2005 (www.trendchart.org/scoreboards/scoreboard2005 /index/index.cfm).
Global Economic Outlook, vol. 1, Capital Economics, 2006.
Graham, B., *The Intelligent Investor*, 4th edn, Harper & Row, 1973.
Okamota, H., "Asset allocation in Japanese and US stock markets by means of technical analysis", *Market Technician*, N° 46, Marzo de 2003.
Shiller, R. J., *Irrational Exuberance*, Princeton University Press, 2000.

12. Sectores

A pesar del hecho que no es probable que los Mercados de Valores de los Estados Unidos ni de los países europeos se encuentren en una tendencia alcista secular durante la próxima década, a algunos sectores de esos mercados les irá extremadamente bien, respaldados en los temas de inversión que se detallaron más arriba. Los inversores a quienes les inquiete invertir en Mercados de Valores de países menos desarrollados, pueden estructurar sus portafolios de acciones domésticas de manera que se puedan beneficiar también de su tendencia alcista secular.

Commodities

En términos de inversiones, los *commodities* van al frente en la marcha de los países en desarrollo hacia la industrialización. El apetito de China por metales base y energía es particularmente voraz. En este momento, es el mayor importador de mineral de hierro y acero. En 2000, importó 70 millones de toneladas de mineral de hierro. Hacia 2004, el número casi se triplicó, y llegó a 208 millones de toneladas. En 2005, el total de sus importaciones de acero inoxidable –2,9 millones de toneladas– fue más del doble que las de Francia, el segundo importador más importante de acero inoxidable. Hacia 2030, alcanzará los niveles de los Estados Unidos en la importación de petróleo. Es probable que la demanda de materias primas de las economías en desarrollo desencadene otro "superciclo" en los mercados de *commodities*, que bien puede durar varias décadas.

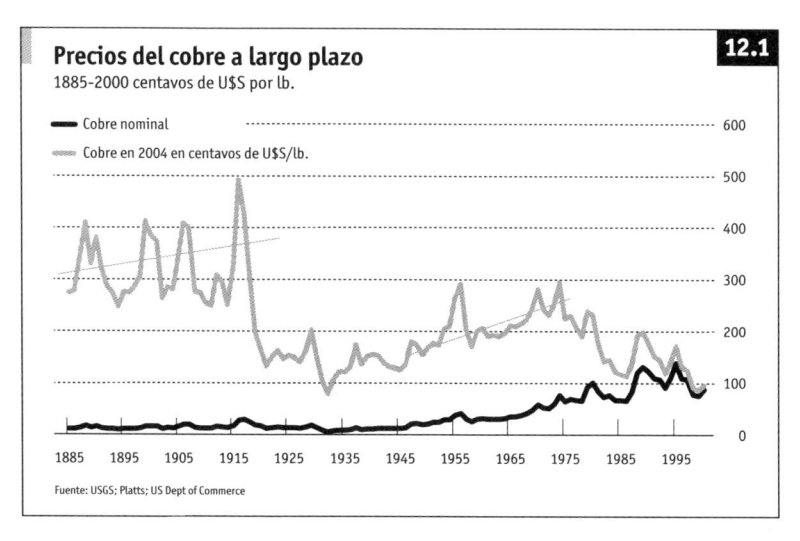

Precios del cobre a largo plazo   **12.1**
1885-2000 centavos de U$S por lb.

— Cobre nominal
— Cobre en 2004 en centavos de U$S/lb.

Fuente: USGS; Platts; US Dept of Commerce

Como se puede observar en la Figura 12.1, hubo dos de esos ciclos anteriormente: uno desde fines de 1880 hasta principios de 1900 y otro desde 1945 hasta 1975. El primero fue impulsado por la industrialización de los Estados Unidos, y el segundo se desencadenó inicialmente por la reconstrucción de Europa en la posguerra luego de la Segunda Guerra Mundial, y tuvo un impulso adicional

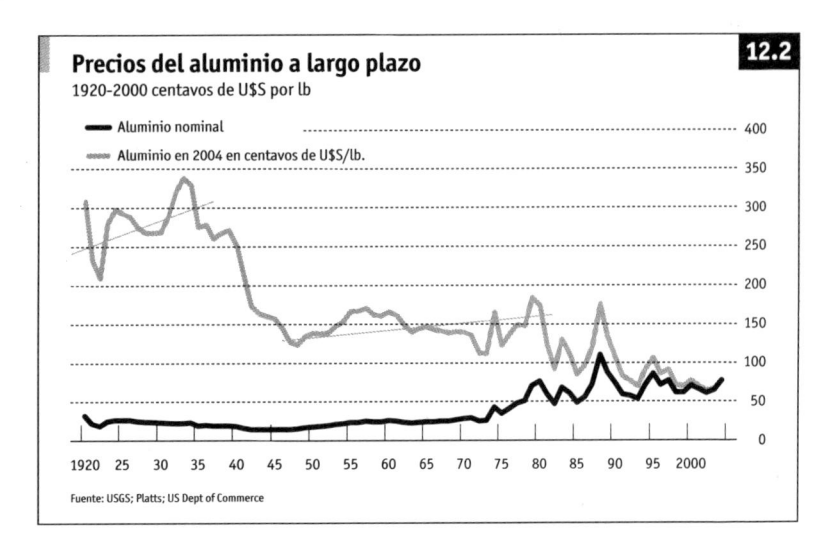

Precios del aluminio a largo plazo
1920-2000 centavos de U$S por lb

- Aluminio nominal
- Aluminio en 2004 en centavos de U$S/lb.

Fuente: USGS; Platts; US Dept of Commerce

causado por el rápido crecimiento económico de Japón. Aun en un superciclo, los precios no suben en línea recta. Las suaves líneas curvilíneas de un gráfico teórico de oferta y demanda contradicen las vacilaciones y los períodos de tiempo en los cuales se alcanza el equilibrio en el nivel de precios. Habrá períodos en los cuales la oferta empujará hasta la enorme demanda proveniente de China y la India y, en esos momentos, los precios caerán bruscamente. Pero la tendencia subyacente será al alza.

Bienes de lujo

Las economías agrarias generalmente tienen una distribución de la riqueza desigual. A medida que la industrialización gana velocidad, la clase media emerge gradualmente. La suba del ingreso per cápita le permite a la gente gastar una parte mayor de su riqueza en bienes no esenciales. Es probable que los viajes y los bienes de lujo sean los rubros que se beneficien más del aumento de los ingresos per cápita. En 2004, 28 millones de chinos viajaron al extranjero, y la Organización Mundial de Turismo estima que hacia 2015 este número habrá subido a 100 millones. Los turistas chinos, en general, se quedan en hoteles baratos y dedican el 90% de su presupuesto a comprar productos. Según una investigación llevada a cabo por el Grupo de Medios de Comunicación Interactivos Chino, con un gasto promedio diario de U$S 175, ellos están ascendiendo en la tabla de turistas de gastos altos. Ansiosos por capitalizar esta tendencia de rápido crecimiento, muchos grandes hoteles y compañías de viajes se están esforzando por ofrecer servicios exclusivamente a turistas chinos. En muchas economías en desarrollo, el concepto de lujo se vincula sobre todo con el consumo ostentoso y la mejora del estatus social. La industria de bienes suntuarios es incipiente en China, y se espera que su desarrollo imite el de Japón en los 80 (en términos del mercado chino, un bien de lujo es cualquier producto que cueste más de Rmb 5.000 o U$S 625). En ese momento, cuando viajaban al exterior, los japoneses también solían gastar el 90% de su presupuesto en productos exclusivos, pero ahora están gastando más en hoteles caros, restaurantes y conciertos. Hasta hace poco, la baja disponibilidad de productos en sus mercados internos hacía que las personas que vivían en China e India se fueran al extranjero a comprar bienes de lujo, pero todos los grandes diseñadores de moda ahora tienen tiendas en Delhi, Beijing y Shangai (la tienda de Armani en Shangai, por ejemplo, es la segunda más grande del mundo). Hacia 2015, se estima que el gasto en China en bienes de lujo ascenderá a U$S 11,5 mil millones –un cuarto del Mercado global– dado que 175 millones de personas ascenderán al sector de ingresos que les permitirá comprar esos bienes.

Biotecnología

Las empresas de productos farmacéuticos y biotecnología serán los beneficiarios más obvios de la revolución en biotecnología como resultado de la demanda que proviene de tres fuentes primarias:

- ❖ Nuevos tratamientos para enfermedades o dolencias para las cuales no existe cura;
- ❖ El aumento de la longevidad, y por lo tanto de los tratamientos para enfermedades relacionadas con la edad, como la enfermedad de Alzheimer;
- ❖ Una mayor prosperidad en los países en desarrollo que llevará, como ocurrió en el mundo desarrollado, a que aumente el énfasis en el cuidado de la salud.

Las empresas de biotecnología y software, dedicadas a realizar innovaciones exitosas podrían experimentar un aumento espectacular en los precios de sus acciones, casi de un día para otro. Pero, otra vez, la detección de empresas que estén incubando innovaciones requiere conocimiento especializado. La mayoría de los inversores se asegurarán retornos superiores, con la inversión en empresas que pueden capitalizar el aumento total de la demanda de tratamiento médico.

Bibliografía
China Interactive Media Group.
Rogers, J., *Hot Commodities*, John Wiley & Sons, 2005.

Conclusión

El ritmo subyacente del ciclo de negocios define la tendencia general del mercado accionario. Impulsado por dos características humanas –la codicia y el miedo–, el mercado accionario oscila alrededor de la tendencia económica subyacente en una serie de ciclos claramente definidos. Así, también en los mercados financieros, la historia se repite a sí misma. En la introducción a la reimpresión de 1995 del libro de Charles Mackay's llamado *Extraordinary Popular Delusion and the Madness of Crowds* (publicado por primera vez en 1841), Norman Stone, académico, observó: "En la actualidad, se pueden encontrar paralelos para casi todos los encabezados de los capítulos". Desde que Stone escribió esa introducción, la burbuja de Internet se puede agregar a la larga lista de manías especulativas que se pueden rastrear desde el esquema de Mississippi, la Burbuja del Mar del Sur, y la Manía de los Tulipanes. La repetición no siempre es exacta pero las características son las mismas, y el análisis del ciclo las pone de relieve. Esto les proporciona a los inversores una "brújula" financiera, señalándoles la dirección correcta en rasgos generales. Al tratar de identificar qué sector o acción dentro de un mercado particular probablemente tenga un desempeño superior, el inversor está tratando de seleccionar los ganadores y perdedores en el proceso de Schumpeter de "destrucción creativa". Se puede tener una representación visual de esto observando el gráfico de precios de la acción, ya que son las industrias nuevas y dinámicas las que poseen las acciones de muy alto crecimiento. Mediante la selección de las acciones dentro del contexto del análisis del ciclo, los inversores determinarán si es adecuado seguir la tendencia del momento o adoptar una estrategia más defensiva.

El cambiante escenario económico
En las décadas futuras los inversores deberán adaptar sus carteras al cambiante escenario económico. No hay nada nuevo en los procesos de industrialización e innovación. Como se puede observar en la Figura 12.1 (pág. 125), los precios de los *commodities* aumentaron mucho como consecuencia de los períodos anteriores de industrialización y el descubrimiento de la radio, que extendió las comunicaciones desde el mundo impreso al de las telecomunicaciones y causó la misma excitación que Internet hoy. Ni siquiera el ciclo de prosperidad que se desplaza hacia los países orientales es nuevo. Ya en 1820, las dos economías más grandes del mundo eran China y la India. Juntas contabilizaban alrededor de la mitad del PBI global. Luego llegó la Revolución Industrial, que inclinó el equilibrio económico a favor de occidente. Creó una increíble riqueza en Europa y luego en los Estados Unidos pero, al mismo tiempo, Oriente pareció replegarse y entrar en una era más primitiva. A pesar de sus enormes territorios y poblaciones, tanto China como la India se convirtieron en economías pequeñas e introspectivas. Como resultado de ello, quedaron atrapadas en prolongadas tendencias bajistas seculares en lo que se refiere a oportunidades de inversión. Ahora el péndulo oscila en la dirección opuesta.

La transición de una economía basada en el agro a una industrializada es difícil, y en el caso de China existe la complicación adicional de trasladarse desde una economía dirigida a una orientada al mercado. Indudablemente habrá problemas, y los países pueden cometer errores graves mientras tratan de negociar su sendero hacia la industrialización. Pero entre ellos, China y la India deberían proporcionar el tipo de confianza económica global que se experimentó cuando el grupo de los 7 países más industrializados experimentaron un proceso similar. Las economías desarrolladas enfrentan sus propios problemas para asimilar esta transición. Existe el riesgo de que las presiones del ajuste al nuevo orden económico, en un contexto de gran desequilibrio global, pueda precipitar una caída. Siempre es más fácil manejar un período de cambios cuando el contexto de factores económicos está en equilibrio, pero la presencia de desequilibrios no necesariamente presagia una crisis financiera.

Desafíos Políticos
El catalizador de cualquier shock en el sistema financiero puede no ser económico; hay una gran cantidad de obstáculos políticos que tienen que ser negociados durante este período de cambio económico.

Luego de la Guerra en Irak, y antes de eso Vietnam, los norteamericanos corren el riesgo de ser más estrechos de miras, y la reticencia a comprometerse en asuntos externos puede impedir que vean el cambiante escenario económico fuera de su país. El libre comercio es esencial para el proceso de globalización, y la falta de progreso en las negociaciones comerciales de Doha no presenta buenos augurios para una mayor liberalización de la política comercial. Compartir el rol de motor económico de la economía mundial también podría presentar algunos desafíos políticos para los Estados Unidos, dado que el aumento en el poder económico oriental también implica un aumento en el poder político. En el pasado, los gobiernos norteamericanos expresaron su frustración porque Europa no se convirtió en un poder global en términos económicos y políticos. Pero el rechazo de la Constitución Europea por parte de Francia y Holanda desalentó a Europa. Es mucho más probable que sea China quien asuma el rol de superpotencia "joven". Esto le planteará un dilema político a los Estados Unidos que ve a China como una amenaza, y es difícil que los norteamericanos estén dispuestos a compartir o conceder el rol de superpotencia número uno a China en el futuro. Si Estados Unidos se ve forzado a compartir su posición de superpotencia, India sería el socio preferido, pero le falta mucho para alcanzar a China en términos de poder económico, aunque su demografía más favorable y su estructura democrática podrían finalmente inclinar la balanza a su favor.

Oportunidad de inversión del siglo
En el momento en que este libro fue a la imprenta, a mediados de 2006, los Mercados de Valores disfrutaban de una carrera alcista más larga que el promedio. Las tendencias no continúan indefinidamente y es probable que haya una pausa o una corrección. Dado que existen grandes desequilibrios estructurales, cualquier caída provocará que surja el temor a una recesión prolongada del tipo de la que experimentó Japón. Pero el análisis de los ciclos económicos y los temas de largo plazo que se examinaron en este libro sugieren que cualquier caída durante la próxima década les proporcionará a los inversores una oportunidad de inversión que se da sólo una vez en el siglo. *

El crecimiento económico de China, India y otros países en desarrollo es el desafío de nuestra era. Desde el punto de vista de un inversor, entender el ritmo cíclico subyacente detrás de esta transición ayudará a trazar el mapa de las oportunidades de inversión que se crearán a partir de la próxima ola de industrialización en el mundo del mañana.

Bibliografía
Mackay, C., *Extraordinary Popular Delusion and the Madness of Crowds*, Wordsworth Editions, 1995.
Maddison, A., *The World Economy: A Millennial Perspective*, The Development Centre of the Organisation for Economic Co-Operation and Development, Paris, 2001.
US-China Economic and Security Review Commission's Hearing on China's Growing Global influence: Objectives and Strategy, 21-22 de Julio de 2005. www.uscc.gov/hearings/2005hearings/written_testimonies/ 05_07_21_22wrts/damato_richard_open.pdf

* N. del E.: En 2008 estamos viendo que la caída planteada por el autor parece estar materializándose.

Nota sobre las fuentes

El autor y el editor agradecen a quienes autorizaron el uso del material incluido en *Cómo analizar el mercado*. Se han realizado esfuerzos para reconocer correctamente todos los derechos de autor del material incluido en este libro. Cualquier error que haya pasado inadvertido y que se informe al editor, se corregirá en ediciones futuras.

Lectura adicional
Alexander, M. A., Stock Ciclos: *Why Stocks Won't Beat Money Markets over the Next Twenty Years*, Writers Club Press, 2000.
Alexander, M. A., *Ciclos in American Politics*, iUniverse, 2004.
Dent, H. S. Jr, *The Next Great Bubble Boom*, Free Press, 2006.
Sterling, W. P. y Waite, S. R., *Boomernomics: The Future of Your Money in the Upcoming Generational Warfare*, Ballantine Books, 1998.

Índice temático

A

Agencia Internacional de Energía, 75, 89
Ahorros, 73, 77, 79, 84, 102-04, 115
Alemania, 20-21, 71, 85, 90, 118
Análisis
    de los ciclos económicos, 130
    de los patrones, 58
    fundamental, 13, 43
    técnico, 13-14, 17, 39, 43, 45, 53, 58
Aumento de los gastos, 84
Automóviles, 89, 92-93
    híbridos, 92

B

Bajas, 34, 39, 45, 54, 59, 99, 102, 115
Baby boom, 80, 82, 85, 111, 116-17
Banco de Desarrollo Asiático (ADB), 105
Banderas, 62
Barro, Robert, 24-25
Bases redondeadas, 62
Bernanke, Ben, 102
Bienes de lujo, 126-27
Bioinformática, 96
Biotecnología, 11, 15, 69, 95-96, 98, 127
Brasil, 69, 71
Buffett, Warren
Burbuja
    de activos, 99
    de Internet, 99, 129
    nifty-fifty, 112

C

Calentamiento global, 89
Celda de combustible, 92-93
Ciclo
    de cuatro años, 28, 30, 32, 35, 37, 39, 111, 115, 121
    de diez años, 115
    económicos, 14, 19-20, 22-24, 26, 105, 130
    de Kondratieff, 22-23
    de Kitchin, 14, 22
    del mercado accionario, 27-28, 30, 32, 34, 36
    Juglar, 14, 20, 22-23, 32
    Solar, 20
Ciencias de la vida, 97
Clark, John Bates, 19
CNOOC, *véase* China National Offshore Oil Corporation, 75
Commodities, 13, 20, 40, 45, 117, 125, 127, 129
Comportamiento
    del mercado, 53
Confianza del consumidor, 106
Conmoción, 105
Crisis, 19-20, 56, 85, 104, 106-07, 116-17, 130
Cruce dorado,
    véase media móvil, 49
    mortal, *véase* media móvil, 50-51
Crum, W. L., 14, 22
Cúmulos de innovaciones, 23, 25
Curva, 23
    de Bell, 47
    de Gauss, 47
China, 15, 40, 69, 71-78, 82-83, 85, 89,

92, 106, 109, 111, 115, 120-21, 125-27, 129-31

D

Déficit en la cuenta corriente, 101-02
Demografía, 26, 72, 84, 109, 118, 130
Dent, Harry S., 85, 87
Depresiones, 23
Desempleo encubierto u oculto, 72
Desequilibrios mundiales, 21, 101-02, 104, 115
Destrucción creativa, 23, 27, 43, 74, 129
Deuda, 11, 21, 85
Distribución
    leptocúrtica, 7, 46-47
    normal, 46
Doble techo/piso, 35, 60-61

E

Economía
    socialista de mercado, 73
    en desarrollo, 118, 125-25
EIS (European Innovation Scoreboard) *véase* Marcador de Innovación Europea, 119
Elliott, Ralph Nelson, 33
Energía
    nuclear, 74, 90, 91
Enfermedad, 95-96, 105-06, 127
Escasez de agua, 105-07
Esquema de tres ciclos, 14, 22
Estacional
Estados Unidos, 13, 19-29, 31, 39, 48, 69, 71-72, 75, 80, 82, 84-85, 90-93, 96-97, 99, 101-04, 107, 111-12, 114-17, 119-22, 125, 129-30
Europa, 26, 69, 71, 79, 85-86, 107, 112, 118-19, 125, 129-30
Eventos externos, 105-06, 108
Expectativa de vida, 26, 79-81, 84

F

Factores
    cíclicos a largo plazo, 69
    demográficos, 86
    ecológicos, 107
    económicos, 130
    estructurales, 109
Fama, Eugene, 46
Fases bajistas, 99, 116
FDA (Food and Drug Administration), *véase* Departamento de Control de Alimentos y Medicamentos, 96
FMI (Fondo Monetario Internacional), 72, 76-77, 79, 81
Francia, 20, 24, 71, 82, 125, 130

G

Gann, W. D., 55
Gastos militares, RU, 24-25
Generación
    de energía, 89-91, 93
    eco, 85, 116
Genoma humano, 15, 69, 95-97
Genómica, 95
Geometría fractal, 47

Globalización, 14, 72, 76, 110, 130
Grantham, Jeremy, 28-29
Greenspan, Alan, 29
Gripe
    pandemia de, 105

H

Helio, 91
Herceptina, 96-97
Hipótesis
    del mercado eficiente, 46

I

IED,
    véase Inversión Extranjera Directa, 73, 77
India, 15, 69, 71-72, 75-83, 85, 92, 106-07, 111, 121-22, 126-27, 129-30
Índice
    de Fuerza Relativa (RSI-Relative Strengh Index), 50, 52
    de acciones A de Shanghai, 120
    de todas las acciones FTSE, 47, 57, 118-19
    Dow Jones, 29, 32-33, 46, 70, 111-13
    FTSE Eurotop, 119
    Nikkei, 27, 116-17
    Sensex de Bombay, 121
Industrialización, 25-26, 69, 71-72, 74-75, 79, 89, 93, 98, 106, 109, 111-12, 115-18, 125-26, 129-30
Inflación, 20, 30, 32, 77, 107
Innovación, 15, 23, 69, 91-93, 116, 118-19, 129
Internet, 15, 99, 129
Inversores
    contrarios, 59, 62

J

Japón, 27, 30, 71, 72, 75, 79-81, 85-86, 99, 105, 107, 111-12, 116, 119, 122, 126, 130
Jevons, William Stanley, 14, 19-20, 26
Juglar, Clement, 14, 20, 22-23, 32, 135, 137

K

King, Mervyn, 23
Kitchin, Joseph, 14, 22
Kondratieff, Nikolai, 14, 20
Kulcinski, G. L., 91

L

Liikanen, Erkki, 72

M

Maddison, Angus, 77
Mandlebrot, Benoit, 46
Mapas de ruta, 14
Marcador Europeo de Innovación (EIS), 119
Materias primas, 69, 98, 125

Media móvil, 32, 39, 44, 49-53, 55-56, 113-15, 117-21
Medicina
　molecular, 95
Mercado accionario
　alcista, 35, 45
　bajista, 35, 56, 58, 60, 99, 101
　de valores, 111-12, 114, 116, 118, 120, 122, 125, 130
Migración, 72, 74-75, 85-86,
Momento positivo, 45

N

Nanotecnología, 97
Niveles
　cuánticos de avance y retroceso, 55
　de Fibonacci, 56
Noruega, 119
Naciones Unidas (NU), 106
Números, 53, 55-56, 85-86, 121

O

Ondas
　de Elliott, 33, 35-37, 55, 58-59, 67
　Kitchin, 23
Organización Mundial de Comercio (OMC), 72-73
Orientación
　del mercado, 15, 33, 109

P

Patrón
　cabeza y hombros, 58-60, 62
　de continuidad, 62
　del gráfico, 58-59
　de inversión, 62
PBI (producto bruto interno), 71-73, 79, 81, 102, 105-106, 109-110, 114, 129
Percepción, 33
Petróleo, 69, 75, 89, 93, 102, 125
Plaza Accord, 102
Población envejecida, 84
Política monetaria, 108, 118
Potencial de desarrollo, 71
Precio
　de la vivienda, 102
　del petróleo, 69, 93
　del aluminio, 126
　del cobre, 49
Preston, S. H., 84, 87
Promedio Industrial Dow Jones, 29, 32-33, 111, 113
Promedios variables, 44, 50
Proteómica, 95
Psicología, 30, 33, 58, 62

R

Ráfagas de otoño, 29-30
Reactores
　de incubación rápida, 91
　reproductores nucleares, 90-91
Recesiones, 20, 23, 27, 93, 99
Rectángulos, 65

Relación
  precio/ganancia (P/G), 122
Rotación del sector, 39-40
RSI,
  véase Índice de fuerza relativa
Reino Unido, 20, 22, 24-25, 30, 48, 71, 80, 85, 90-91, 96-97, 102, 104, 117
Rusia, 21, 69, 71, 81

S

S&P, 48, 56, 112, 114-15
Samuelson, Paul, 27
Santarius, J. F., 91, 94
Schumpeter, Joseph, 21-23, 25-26, 43, 97, 105, 129
Sector
  financiero, 39, 40
Secular, 25-26, 33, 40, 55, 69, 72-73, 109-110, 112-14, 116-17, 121, 125
Selección de acciones, 17, 39, 43-46, 48, 50, 52, 54, 56, 58, 60, 62, 64, 66
Singh, Manmohan, 76
Smith, Adam, 58
Sombart, Werner, 20
Stone, Norman, 129
Suiza, 118-19
Summers, Larry, 13, 15

T

Taiwán, 75
Tasas
  de interés, 13-14, 20, 24-25, 39, 84, 101-02, 107
  de mortalidad, 86
  de natalidad, 79-81, 86
Tecnología, *véase* innovación
Tendencias
  demográficas, 25-26, 77, 79-82, 84-86, 111
  estacionales, 29
Teoría
  de los ahorros, 84
  del ciclo de vida, 84
Transición, 25, 49-50, 69, 71-74, 77, 79, 81, 89, 95, 98, 121, 129-30
Triángulos, 63-66
  véase patrón de continuidad
techo triple, 62
  véase patrón de inversión

U

Urbanización, 73, 120

V

VIH/sida, 81, 86
Virus del SARS, 105
Volumen, 54, 57-58, 60, 62, 85, 89, 106

W

Wilder, Welles, 50

Y

Yamani, Sheikh, 93